真田信治著作選集

シリーズ 日本語の動態
1

標準語史と方言

真田信治

ひつじ書房

まえがき

　本書は、「日本語の動態」に関するシリーズの第1巻である。この巻では、近代日本語における標準語の成立過程と、それをめぐる地域社会での葛藤、そして、標準への〈集中〉と〈逸脱〉といった二つのベクトルの交錯の様相について、私の既発表の論攷を選んで一本に紡いでみた。

　近代標準語は東京語を基盤として発展したが、その東京語のルーツは江戸語にある。上方語を中核として、周辺部の新しい血を導入しながら徐々にその地歩を固めてきた江戸のことばは、近世中期にいたって成熟し、京都・大阪（大坂）を地盤とする上方語と雌雄を争うようになる。そして幕末、ついには上方語を抑えることになった。

　1895年、帝大教授であった上田万年が「標準語に就きて」という論文を発表する。そこで上田は、ヨーロッパの先進国においてそれぞれどのように標準語が成立したかを概観しつつ、日本でも近代国家としての正式な標準語を確立すべきことを説いている。しかし、その後の標準語を普及させる過程において、方言に対する差別意識も生起してきた。

　第2次世界大戦後、マスメディアを通して、標準語は日本の各地に普及した。そのことに実質的に貢献したのはテレビである。そして、標準語と方言との二つのことばが地域社会に併存するようになった。

近年、方言回帰への動きが目立つようになってきたが、私は、その節目は平成への改元時であったと認識している。世の中が限りなく均質化に向かう一方で、〈個〉を重くみようとする風潮も強くなった。〈個〉を重くみるから、全体として多様になる。ことばのバラエティもまた正当に認めようというわけである。

　そして今、われわれは奇しくも次の改元時を迎えつつある。今後とも〈個〉を重視する流れが頓挫することのないようにと念じるものである。

　なお、本書は、大学の講義等での教材としても使えることを意図して、内容を全15章(全15稿)の構成で編集している。

目次

まえがき……iii
図・表リスト……viii

1. 「標準語」とは何か……1

2. 標準語・共通語……5

3. 江戸語はいつ共通語になったか……9

4. 『夢酔独言』に見る末期江戸語の方言……17

5. 国民国家としての「国語」へ……37

6. 方言の盛衰　大阪ことば素描……71

7. 標準への集中と逸脱……89

8. 階層性から一律化へ、そして標準的に
   五箇山親族呼称の60年……99

9. 日本学のゆくえ……111

10. "山田孝雄"のこと……119

11. 国語教育のイデオロギー
    方言と学校教育……141

12. 方言の情況と日本語教育……151

13. 「臨床ことば学」への期待……163

14. 私が勧めるこの1冊
    『言語史研究入門』亀井孝・山田俊雄【編】……171

15. 名著と遭い、人と会う……183

出典一覧……191
あとがき……193
索引……195

図・表リスト

図1　社会方言と地域方言の変異　…15
図2　「イカイ」の分布　…20
図3　「クチベロ」の分布　…23
図4　「行かなかった」の表現形(高年層)　…31
図5　「あなた(対称詞)」〈カジュアル〉　…77
図6　「あなた(対称詞)」〈フォーマル〉　…78
図7　「行かない」　…80
図8　「行くことができない」　…82
図9　「行くことができなかった」(大阪市)　…83
図10　「玉蜀黍」　…84
図11　「玉蜀黍」をナンバというか(大阪市)　…85
図12　「青痣」(大阪市)　…86
図13　富山市でのクマ〈熊〉のアクセント形の推移　…90
図14　カナザワ〈金沢〉のアクセント形の推移　…92
図15　ナゴヤ〈名古屋〉のアクセント形の推移　…93
図16　サトー〈佐藤〉のアクセント形の推移　…93
図17　トヤマ〈富山〉のアクセント形の推移　…94
図18　大阪市アクセントの動向　…95
図19　2拍名詞の類別タイプ(大阪市・若年層)　…96
図20　「猫柳」の方言分布(佐渡島)　…174

表1　若年層の「行かなかった」の表現形(1985年)　…32
表2　親族名称の表現の変遷　…66
表3　社会階層と親族名称の対応　…100
表4　1935年の親族呼称(13、14歳時)　…102

表5　1965年の親族呼称(13歳時)　…105
表6　1995年の親族呼称(13、14、15歳時)　…107
表7　PROBLEM AREASの目次　…113
表8　「日本学」専攻の組織　…116

1.「標準語」とは何か

　明治以来の方言の撲滅をめざした「標準語」教育は、日本の言語を単色化することにその理想をおいた。このことは、一国の中に言語の違いが存在するはずがない、存在してはいけないとする考え方をさらに高揚させることにもなった。日本はもともと、日本語に対するもう一つの大言語が併存するという情況にたちいたったことはない、そういう経験をした記憶がない。したがって、日本人にとって、言語が人によって違うものだ、ものの把握の仕方が人によって違うものだ、という現実は理解しにくいものである。日本人には、相手の言語が自分のことばと違うということは苦痛であるとともに、何らかのきっかけで反省の機会を与えられない限り、人も自分も同じ考え方をするものだと思い込む傾向がある。

　言語の違いをよく認識した上で、互いに理解しあおうというのが一般の国際理解の精神なのであるが、国内の方言のバラエティさえもなくしてしまおうとする日本人には、この精神はなかなか身につかないものである。日本人は「日本」というシマをつくって、そのなかに安住しようとする。国際社会で孤立す

る日本人の文化的性格の素地がここにもあると言える[1]。

　戦前までの国語教育は、一貫して個性ゆたかな方言をつみとり、「標準語」の名のもとに地域の発想をワンパターン化して支配する役割をになうものであったと総括せざるをえない。

　ところで、「標準語」という用語が出てきたのは1890年代(明治23年～)である[2]。外国に向けての日本国のことばとしての国家語という面もあるが、当時、国民国家として国を統一するためのことばとして何を採用するかということから出てきたのが「標準語」であった。そして、国語教育のなかで「標準語」を教える段階で、「標準語」は良いもの、きれいなもの(洗練されたもの)、一方の生活語としての「方言」は悪いもの、汚いもの(かっこう悪いもの)といった形での指導が行われたのである。したがって、戦前の教育を受けた人々には、「標準語」と聞くと、自分の母語を強制的に押さえつけたもの、という暗いイメージが体験的にあって、「標準語」と聞いただけでミリタリズムを彷彿とさせるということもあったわけである。

　戦後、日本語政策の立案のための基礎資料を科学的に得る機関として設立された国立国語研究所が、その創成期の1949年に、福島県白河市の住民の言語調査をした際、地域社会の言語生活が、在来のいわば純粋土地ことばとそうでないものとの併用によって行われている実態が把握されたのであるが、特にこの後者のものは、「東京語に近いが、しかし、東京で一般に使われていることばと、必ずしも一致はしない」存在であった。そこで、このレベルのものを、新たに「共通語」と名付けたのである。すなわち、このときの「共通語」は、あくまで作業仮設としての用語なのであった。しかし、以来、この用語は、国

語教育の指導者によって教育の現場に持ち込まれた。そして、「共通語」が「標準語」に代わる新時代語だという宣伝がさかんになされた。放送界(NHK)においてもしかりである。その背景には、戦前の「標準語」教育に対する嫌悪、すなわち、日本政府が「標準語」の普及にイデオロギーの教育をからませて強引に上から押し付けてきたことに対する反発があったことはまちがいのないところである。

　しかし、私の見るところ、「共通語」という用語も、上下の規範を軸に「方言」に対峙するものとして使われているのが一般である。だとすれば、それは「標準語」の仮面にすぎないのである。私のストラテジーは、この仮面をはがし、「標準語」という用語を白日のもとに引きずりだし、それを国家レベルのものから、地域のもの、個人のものにとりもどすことである。

　私は、「標準語」というものを、スタイルを軸として捉えるものである。それぞれの地域にフォーマルなスピーチスタイルと、カジュアルあるいはインフォーマルなスピーチスタイルとがあって、それが、「標準語」と「方言」という形で対応していると認識している。したがって、厳密には地域社会で生活する一人の人間のことばのバラエティの中に「標準語」が存在している(しているべき)と考えるのである。

　〈個〉としての一人の人間が標準を志向しつつ意識的に発話することばの総体が「標準語」である。したがって、そこには当然のこととして、個人差、地域差が存在しよう。ここで定義している「標準語」は、地域差の有無は問題にしていないのである。たとえば、沖縄などではフォーマルな場、いわゆる晴の

領域で伝統的な地域語が「標準語」として運用されることがある。従来のように、地域差の無いことを前提にして、「標準語」は日本全体で一つ、といったような考え方は、話しことばに関しては時代錯誤なのではないか。

　その意味で私は、「標準語」というものを国家レベルで考える立場には与(くみ)しない。札幌におけるフォーマルな場での「標準語」、福岡における「標準語」といったように地域的な基準があってしかるべきだと思う。

　そして、たとえば、現今の、日本語を第一言語としない人々に対する初級日本語教育の場でのことばの基準であるとか、広域放送におけることばの基準であるとか、それぞれの領域での、それぞれの「標準語」が作られるべきであると思っている。私は「標準語民営論者」である。

注
(1) これらの点は、柴田武『社会言語学の課題』(三省堂、1978)に詳しい。
(2) standard language の訳語としての「標準語」という用語の初出は、岡倉由三郎『比較博言学　日本語学一斑』(明治義会、1890)においてである。

(2000.5)

2. 標準語・共通語

　戦後、「共通語」という用語が、国語教育の指導者によって教育の現場に持ち込まれた。それを受けて、当時の文部省は1951年からの学習指導要領において標準語の代わりに共通語を用いることとした。そして、共通語が標準語に代わる新時代語だという宣伝がさかんになされた。その背景には、戦前の標準語教育に対する反省があったことがうかがわれる。しかしながら、国語教育における標準語と共通語は、その内実はほぼ同じものであった。

　用語(term)としての「標準語」と「共通語」は、現代日本における、まさにことばの「ゆれ」の対象であるが、原義的には、共通語というのは、異なった言語(・言語変種)間のコミュニケーションに使われる第三の言語(・言語変種)のことを指す。たとえば、英語は世界の多くの地域で共通語として機能している、と言う。その観点からは、東京語を基盤とした言語変種が日本の各地で共通語として機能している、とも言える。しかし、ここで注意したいのは、共通語という用語が、言語(・言語変種)の構造ではなく、あくまでその機能や役割を指して

のものであるという点である。それは、全国どこででも通じる言語である。通じればいい程度の共通性があれば具体的にどのような言語であってもいいわけである。

共通語は、コミュニケーションの重要な役割を果たしているという機能論における名付けである。したがって、その構造や体系は何かとなると、これはつかめないのである。それに対して、たとえばアメリカ英語とか東京語とかは構造が一応はっきりしている。

この構造的概念(structural concept)と機能的概念(functional concept)の区別が今までは曖昧になっていたきらいがある。たとえば、しばしば「共通語の体系」と言われることがある。しかし、そう言われるときの共通語は、実は共通語にもっとも近い東京語という具体的な言語が念頭にあるわけである。たとえば、「足リナイ」と「足ラナイ」とは、地域によって、どちらも共通語として機能しているが、東京語としては「足リナイ」であって、「足ラナイ」ではない。そこで、共通語としては「足リナイ」である、というふうに言われるのである。

したがって、歴史的経緯はあるとしても、言語計画でのプログラムとして、インプットすべき言語体系を共通語と呼ぶのは、専門的には不正確なのである。広域放送の分野とか初等教育の段階では、それぞれにことばの基準が設定されるべきである。そのような基準において設定されるコード(code)こそはまさに標準語と呼ぶにふさわしい対象であると考える。標準語はそれぞれの領域で別個に作られてしかるべきものである。標準語は国家管理のもの、単一的なもの、などとするような立場は時代錯誤である。

この点に関して、梅棹忠夫に第二標準語論の提唱がある（「第二標準語論」『言語生活』33、筑摩書房、1954）。これは「関西弁を標準語にせよ」という論説である。そこには、東京弁中心の標準語で日本をこなしていくとは大それたこと、少なくとも関西弁というもう一本の柱なくしてはとうていたちいかないだろう、とする危惧があった。梅棹は、次のように述べる。「なぜ東京弁をそれほどきらうかといえば、それによって運ばれ、まきちらされるところの低劣なる文化の全国支配をいとうのである。言葉の面にかぎって言っても、わたしたちの何より大切な言葉、日本語です。その形成と発展を、植民地都市東京にまかせてはおけないのである。」

　私は、それぞれの地域語がそれぞれに標準的形態を備えていることを当然視するような言語意識を、この国においても育てていかなくてはならない、と考える[1]。これは、東京弁に次いで方言中のエース関西弁も標準語に、ということではなく、地域分権のもとに、各地域がそれぞれ自立的に標準的コードを持つべきである、とする立場である。

注
(1) この見解は、真田信治『脱・標準語の時代』（小学館文庫、2000）で述べた。

（2005.10）

3. 江戸語はいつ共通語になったか

1　はじめに

　筆者は、「標準語」というものを、スタイルを軸として捉えている。それぞれの地域において、フォーマルなスタイルと、カジュアルなスタイルとがあって、それが「標準語」と「方言」という形で対応していると認識している。「標準語」は、都市化社会に住む限り、どうしても必要な対社会的な場でのレジスター（ことば遣い）というべきものである。そして、それは個々人のプライベートな生活語としての「方言」とは別個のものである。

　それぞれの地域の「標準語」は、厳密には、発音・アクセントなどの差異を考慮に入れると、地域的な差異が存在する。したがって、筆者は、「標準語」にも地域性を認めるものである。ただし、この言語変種は本来、全国共通語としての性格を持っているものでもある。

　「標準語」というものをこのように定義するとき、江戸時代末期の情況はどのように捉えられるであろうか。

2 「江戸訛」について

　式亭三馬の『狂言田舎操』(文化10［1813］年刊)における、江戸語に関する、次の一節は有名である。

> ハテ江戸訛といふけれど、おいらが詞(ことば)は下司下郎(げすげらう)で、ぐつと鄙(いや)しいのだ。正銘(しやうめい)の江戸言(えどことば)といふは、江戸でうまれたお歴々(れきれき)のつかふのが本江戸さ。これは又ほんの事(こつ)たが、何(いづれ)の国でも及ばねへことだ。然様然者(さやうしからば)、如何(いか が)いたして、此様(かやう)仕(つかまつ)りましてござる、などといふ所は、しやんとして立派(りつぱ)で、はでやかで実(げに)も吾嬬男(あづまをとこ)はづかしくねへの。京女郎(きようぢよらう)と対句(ついく)になる筈(はづ)さ。ちつとお談義(だんぎ)が長(なが)くなるが、江戸は繁華(はんくわ)の地で、諸国(しよこく)の人(ひと)の会(あつま)る所(とこ)だから、国々の言(ことば)が皆馴聞(みなきゝなれ)て通(つう)じるに順(したが)つて、諸国(しよこく)の言(ことば)が江戸者に移(うつ)らうぢやアあるめへか。そこでソレ、正真(しやうじん)の江戸言(ことば)は、孰(どれ)が夫(そ)だやら混雑に為(めつたくさ)たといふものさ。それでもお歴々(れき)にはないことだ。皆江戸訛といふけれど、訛(なま)るのは下司(げ)下郎(げらう)ばかりよ。

　ここでの三馬のいう「江戸訛」と「本江戸」との対立を、町人と武士という社会的属性差による階層言語の対立と見る立場がある。「本江戸」なるコードが武士階層のものであるという面では確かにそうであるが、筆者はこのコードは、厳密には、武士階層におけるスピーチスタイルの一種と解釈すべきものと考える[1]。

　「江戸訛」に関しては、これが江戸という地域の方言コードであったことは間違いのないところであろう。「江戸は繁華の

地で、諸国の人の会る所だから」、それぞれの方言が接触して、「正真の江戸言」が「混雑に為た」というから、そこに一種の混交言語情況が生じていたことがうかがわれる。

　しかし、このことはけっして江戸訛りが諸国に通じる共通語的性格を帯びてきたということにはならないであろう。諸国の人々が集まったからといって、直ちに全国に通じる共通語が生じるはずもなく、ただ言語の島ができただけのことである。そのことは、江戸訛りが武蔵野のような近郊にさえ広まった形跡のないことからも知られよう。所詮、江戸訛りは、江戸という、いわば特殊な地域社会での方言であって、方言である以上、それがいかに江戸文芸に登場してこようとも、他の地域社会の方言を押しのけて、その地域の生活語として普及していく可能性はなかったと考えられるのである。

　一方、「本江戸」とはどのような性格の言語コードなのか。

3　「本江戸」について

　筆者は、「本江戸」とは、本来は上級武士の政務の場での口上(型にはまった言い回し)に由来する定型的表現であったのではないかと推測している。

　江戸において、武士の公的な場における使用語としての「武家ことば」が形成されたのは、寛政期のことであるという(小松 1985)。

　「本江戸」について、中村(1948)は、次のように述べている。

　三馬のいうところの本江戸とは、その代表としてあげられて

いる「然様」「然者」「如何いたして」「此様仕りましてござる」などという語彙からも容易に知られるように、当時の一種の公用語であって、前島密が漢字御廃止之儀において、「国文を定め文典制するに於ても、必ず古文に復し『ハベル』『ケルカナ』を用る儀には無二御座一、今日普通の言語の『ツカマツル』『ゴザル』の言語を用ひ、これに一定の法則を置くとの謂ひに御座候」と述べ、今日普通の言語と称しているものとその例を同じくしている。とまれ、当時の政治・学芸・教育等の文化をになっていたものは、文においてはもちろん、言においてすらもかかる漢語の教養の上にたつ表現であって、決していわゆる江戸語の上にはなかったのである。

すなわち、「本江戸」なるものを、江戸語とは無関係な公用語（＝標準語）と見ているわけである。筆者はこれはまさに的確な解釈であると考える。実際問題として、江戸に住む武士をはじめとする教養階層の人々は、生活語としての御国ことば（方言）と社交用語としての標準語との二重言語生活をしていたと考えるのが自然というものであろう。例の前島密自身、越後の高田藩士の子で、13歳のときに医を志して江戸に上った人とのことである。したがって、彼はいわゆる言語形成期を越後方言のなかで暮したはずである。このような居住歴の持ち主が、「今日普通の言語」と述べるということは、ツカマツルやゴザルといった表現が、とりもなおさず教養によって習得した言語コード、すなわち、文字言語を基盤にした音声言語の形式であったことを示していよう。

当時の、このような言語コードに関して、森岡（1972）には、

次のように述べられている。

> 文字言語を土台として、これを話しことばに切り換えることは、多少の俗語を取り入れつつ、主として文末に、
> 　　　　ござる　じゃ　である　ぞ
> などを用いれば果たせるのであって、このことは、室町時代の抄物以来の、講義・講述における一つの手法でもある。この種の表現は、ある特定地域の生活語に基いて生じたものではなく、文字言語から来た中性的な口語体であるため、全国どこの地域の人でも、これを模することができたと思われる。そして、このような基本形に加えて、もし、文中の接続形に「……から」「……なら」「……たら」などを用い、さらに、敬体の「ます」を用いるとすれば、この種の口語体は、いっそう現在の話しことばに近づいてくるといえよう。

「本江戸」が、実は江戸の土着の言語ではなく、文字言語を土台とした本来の共通語であったとすると、この言語コードの運用は、"江戸が本場であるとしても、けっして江戸という特定地域だけには限られない"ということになるわけである。実際、発音やアクセントを抜きにすれば、全国各地で、教養層はこの言語コードをものにすることができたはずである。

ちなみに、「薩摩藩士が秋田藩士の人と問答するとき、謡曲の文句でうたいながら、その意思がようやく疎通した」などといった言語伝説における、いわゆる「謡曲共通語」なるものも、実は上のような言語コードを指してのものであったのでは

なかろうか[2]。

　このことは、逆に見れば、地方の藩士たちが、このような言語コードを場に応じて使用することができた、ということを示唆する事例にもなるわけである。

4　階層とことば

　ところで、江戸末期の全国各地での言語情況の詳しいところは、資料の制約もあって、よく分かってはいない。しかし、たとえば、福沢諭吉の『旧藩情』(明治 10 年)の記述などから見ると、幕末期の上層階級におけることば遣いには、かなり全国共通的なものがすでに存在していたことがうかがわれる。

　『旧藩情』において、諭吉は九州、中津藩での士農商の〈言語なまり〉をスケッチしているが、そこでは、次のような例を掲げている。すなわち、「行けよ」ということを、上級武士は「いきなさい」と言うのに対して、下級武士および商人は「いきなはい」または「いきない」と言う。一方、農民は「いきなはい」「いきない」のほかに「いきなはりい」とも言ったという。また、「如何せん歟」ということを、上級武士は「どをしよをか」と言うのに対して、下級武士は「どをしゆうか」、商人および農民は「どをしゆうか」のほかに「どげいしゆうか」のように言ったという。そして、このような情況は、「専ら中津旧藩士の情態を記したものなれども、諸藩共に必ず大同小異に過ぎず」とも述べている。

　これによれば、社会階層の相対的に一番下の集団である農民のことばには地域の方言形式が顕著に認められるのであるが、

一方、社会階層の一番上の集団である上級武士のことばはそのまま現代の共通語でもある点が注目されるのである。

この情況は、Trudgill(1983)で示される、「一番上の社会階層の話し手たちは標準英語と呼ばれる方言を使っている。標準英語は、どこへ行ってもほんのわずかな違いしかない。」とする現代のイギリスでの情況(図1参照)と酷似しているとも言えよう[3]。

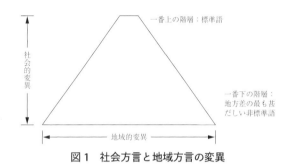

図1　社会方言と地域方言の変異

注
(1) ただし、「本江戸」という用語はここでの文脈においてしか用いられていないので、この用語がコード名として慣用されていたわけではなさそうである。三馬は、おそらく、「正銘の江戸言」「正真の江戸言」といった内容を表すつもりでの〈本物の江戸(ことば)〉という意味あいにおいて、「本江戸」と称したのであろう(この観点は土屋信一氏の御教示による)。
(2) 田中章夫氏の御指摘による。
(3) キャプションの翻訳は筆者による。

参考文献

小松寿雄(1985)『江戸時代の国語　江戸語』東京堂出版
中村通夫(1948)『東京語の性格』川田書房
森岡健二(1972)「現代の言語生活」『講座国語史6文体史・言語生活史』
　　大修館書店
Trudgill, Peter (Revised edition 1983) Sociolinguistics; An Introduction to Language
　　and Society. Penguin Books.

(1998.1)

4. 『夢酔独言』に見る末期江戸語の方言

1　はじめに

　ここでは、勝小吉の『夢酔独言』での用語に焦点をあて、それぞれの語の運用をめぐって、主として現代の方言分布上の情況を視野に入れて考察する。そして、あわせて、東京語形成のいわば前夜としての末期江戸語における方言的要素の混在の様相の一端をうかがうことにしたい。

2　『夢酔独言』について

　『夢酔独言』は、江戸生え抜きの武士階級の日常会話に近いことばで記された資料として、周知のように、中村通夫氏によって斯界に紹介されたものである(中村 1948)。ただし、この書での内容を当時の旗本・御家人ことばの代表として取り扱うことについては、慎重にすべきであるとする意見が少なからず存在する(田中 1983)。また、古田東朔氏は、中村氏の論を受けつつも、『夢酔独言』の表記面を、主として音訛とのかか

わりにおいて分析した上で、「(小吉は)話しことばで書き記しながらも、そして、所々に訛を露呈しながらも、なお、ある規範意識に立ち、この文章を記載していった。(中略)まさに、これは独自の、小吉の文体なのである。必ずしも先行のものにならっているものではない。」と述べている(古田 1974)。

しかし、ここではこれら位相の側面には特に深入りすることはしない。あくまで、江戸という地域社会の歴史の一過程で生を送った勝小吉(1802～1850)という人物をインフォーマントとして、その言語使用の実相を垣間見ようというわけである。もちろん、特定の一個人の用語を対象にするといっても、ここでのものを単に"個人語"としてのみ捉えることは不当であろう。そこには、このインフォーマントをめぐる江戸末期の言語運用の時代的情況が直接的に投影されているものと考える。

『夢酔独言』は、勝海舟の父の小吉(左衛門太郎夢酔)の手記で、彼が江戸の旗本男谷平蔵(本来は武家ではないが、金を積んで旗本の株を買ったという)の三男(妾腹の子)として深川に生まれてから7歳で幕臣勝甚三郎元良の養子となり、42歳に至るまでの、腕白時代、乱暴時代、仁侠時代の赤裸々な自叙伝である。彼は性質が豪放で、しばしば常軌を逸した行動をとり、また町の遊民と化した生活を送ったが、晩年になって悟るところがあり、懺悔の書を著わして子孫の戒めとしたのであった。稿を終えたのは1843(天保14)年初冬のことである。

なお、ここでの用例は、勝部真長氏校訂による活字本(東洋文庫138、平凡社)から採る。これは、戸川浜男氏所蔵の自筆原本に拠ったものである。用例の後の(　)内の数字はその東洋文庫本での頁を示す。

ちなみに、勝部氏の解説の一部を引用しておく。「なまじ文学の素養がなく、文飾がないだけに、かえって率直、端的な独特の文体を打ち出して、今日でいえばフランクリー・スピーキングとなって、夢酔老の個性躍如としている。そこにはあるいは、ひとり彼のみでなく一般の徳川末期の江戸の言葉や文字の遣い方が正確に現われているのかも知れぬ。(中略)思想的に何学派や何者かの影響とては全く受けているともみえず、きわめて平凡な江戸の一市民、一介の隠居の無用意な感想を吐露したにすぎず、その意味では何ら先入見のない、素朴な文章にすぎないが、それだけにかえってまじり気のない正直な庶民の声がここに聞かれるのである。ここに当時の時代相、世相の一面は万華鏡のようによく映し出されている。」

3　語彙の実態

　まず、語彙について抄出しよう。
　「イカイ」という形容詞が3例見える。次のような使い方である。

- おれは<u>いかひこと</u>手前にはいり上(あげ)たゆへ、今度は構ぬ(61)
- 其後おれが諸国へいつた時、<u>いかゐ事</u>とくになつた事がある。(63)
- 其替りには金も<u>いかゐ事</u>遣つたが、(90)

　いずれも「イカイコト」の形である。「イカイコト」「イカイモノ」の形は洒落本などに散見するが、『物類称呼』(巻五)に

も、「いかいは、いかいものといふ時は大い成事、いかい事と唱ふる時は多き事也。諸国の通称にや。」とあるように、この期にはこれらは関西から関東にかけての広い地域にわたって使われていたことが推測される。しかし、この「イカイ」系の語形は現代東京語には見られないものである。なお、図2によれば、東京の周辺部においてもすでに退縮しつつあることが認められる。

図2 「イカイ」の分布
『日本言語地図』(国語研)による

恐怖を表す形容詞は「コワイ」が一般的である。

・江戸にて毎日海へ船を乗つたから、こわくはない。(36)
・みんながおれが差図に従つた故、こわゐ者はなくなつた。

(53)
・二年半ばかりに三、四十両になつた。こわゐものだ。(83)

ただし、「オソロシイ」も一例見られる。

・仁愛の道を少ししつたら、是迄の所行がおそろしくなつた。(131)

しかし、この「オソロシイ」はこの手記の最後の部分で、やや改まりの気持ちで書かれた文章の中に出現するものであることに留意したい。現代の方言分布の情況からは、「オソロシイ」も「コワイ」もまた元来は上方を母胎とする語と推測されるものであるが、両語の文体的特徴は、この期すでに現代東京語での場合と同様のものになっていたことがうかがわれるのである。
　「ムズカシイ」と「ムツカシイ」のゆれについては、前者が1例、後者が3例で、「ムツカシイ」の方がやや優勢である。

・なんにも文字のむづかしい事はよめぬから、(10)
・家も六つケ敷(しく)、大心配をして、(75)
・六ケ敷いふから(76)
・六ケ敷なつて、(99)

今日、東京語としては「ムズカシイ」が一般的で、「ムツカシイ」は西日本的とされるものである。

・縁のはしらにおれをくゝして、庭下駄であたまをぶちやぶられた。(13)

「ククス」という語は、『改訂増補和英語林集成』などにも見え、当時一般的なものであったらしいが、今日の東京語ではほとんど使われない。次の「セグル」という語は、「さぐる、さぐりを入れる」の意味であるが、これも今日の東京語からはすでに姿を消している。

・誰か大兄へ進て詰め牢へまで入れよふとしたか、とて夫をせぐつたら、(93)

ただし、筆者は、千葉県香取郡多古町次浦で、この語の実際の使用例を捕捉したことがある(1982 年 3 月)。

・孫やひこのために、はなしてきかせるが、(11)
・孫やひこが出来たらば、(130)

曾孫を表すものとしては「ヒコ」が使われている。「ヒコ」は口頭語としては東日本一帯でも現在もふつうに用いられる語であるから、ここでの出現は当然と言えよう。ただし、現代標準語としては西日本系の「ヒマゴ」が採用されたので、東京においてこの語は文体上、やや古い言い方のものになってしまっている。

「クチベロ」という語が 1 例見える。

・切り石で長吉のつらをぶつた故、くちべろをぶちこはして、血が大そう流れてなきおつた。(12)

　この語は現代も東京周辺に点在する(図3参照)が、東京語としては消滅に瀕しているものである。

図3 「クチベロ」の分布
『日本言語地図』(国語研)による

・その時はいゝきびだとおもつたよ。(19)
・御座敷中が大騒動したが、いゝきびだつけ。(87)

　「キビ」は「キミ(気味)」の変異形である。古くから多くの用例を見るが、明治に入ってからも、三遊亭円朝や二葉亭四迷などの使用例がある。

「すぐ」の意味としては「ジキ」が用いられている。

・<u>直</u>に出てゆきおつたから、(34)
・<u>ぢき</u>に借金が出来たよ。(53)

　現代東京語では「スグ」と「ジキ」にニュアンスの違いが存在するが、関西方言では「ジキ」専用である。
　体言またはそれに準ずる語について、それと限る意を表す「キリ」は、次のように現われている。

・それ<u>ぎり</u>にしてだれもしらぬ顔でおさまつた。(40)
・其日は夫<u>ぎり</u>で仕末つたが、(45)
・だまして、夫<u>ぎり</u>にしたが、(125)

　この形式は、「あれっきり」「それっきり」のように促音に続く場合は「キリ」であるが、それ以外は明治時代までは「ギリ」がふつうであった。「キリ」が東京語で一般化するのは大正期以降のことである。ちなみに、「ギリ」の形は今日近畿以西の西日本の方言で顕著に残存している。

4　語法の実態

　以下、語法に関して見る。
　「ケ」については、「だっケ」「たっケ」の形でしか現われない。次のようである。

- 清(きょ)といふ妻があやまつてくれた<u>つけ</u>。(16)
- つまらぬざま<u>だつけ</u>。(24)
- 先生の中でも一ばんへた<u>ゞつけ</u>。(46)
- おれが名をしつていて、世話をし<u>たつけ</u>。(63)
- 親分のよふ<u>だつけ</u>。(94)

　いずれも、その後の東京語での用法と同様の使われ方である。このような、過去を追想する意味を表す「だっケ」「たッケ」は現代ではすでに古風な言いまわしになってしまってはいるが。
　ところで、この「ケ」は、東日本にその本来の地理的基盤を持つものであるが、次のような形式は、関西(京阪地方)ないし西日本風の言い方で、東日本では一般には用いられなかったと認められるものである。

- 毎日／＼わがまゝ斗りい<u>ふて</u>、強情故みんながもてあつかつた(12)
- 或時、小林が智恵を<u>かつて</u>、津軽の家中に小野兼吉といふあばれ者が、おれの所へ他流れをいゝこんだ。(49)

　この2例はすでに中村氏が指摘しているものであるが、それぞれ「言つて」「借りて」となるべきところである。しかし、これらはたまたま京阪的表現が混入したというより、やはり当時まで、京阪語が、この階層のことばづかいに直接的に及んでいた事実の残映と見るべきものであろう。次の表現に見られる「ます」を下接しない「オル」についても同様である。

- そのときおれの親父が、庭の垣ねから見て<u>おつ</u>て、侍を迎によこしたから、(12)
- そのおやどもが大勢あつまりて、おれがとをるを待つて<u>おる</u>。(18)

現代東京語では、このような「オル」は消え、「オリます」の形に固定してしまっていることは言うまでもない。

なお、動詞の連用形に直接つく補助動詞の「オル」の頻用は、本書での顕著な特色として指摘されるものである。各所に、枚挙に暇のないくらいに現われてくる。若干の例を掲げる。

- ほどなくしに<u>おつ</u>たよ。おれが30ばかりのときだ。(14)
- 其時羽織はかまなぞがどろだらけになり<u>おつ</u>た。(18)
- いつさんににげだが、本所の津軽の前までおつかけ<u>おつ</u>た。(20)
- いろ／\馬鹿にし<u>おる</u>故、(20)
- おれに、「仲間へはゐれ」とぬかし<u>おつ</u>たから、(37)
- 手前の刀を見せて、長ひのを高慢をいゝ<u>おる</u>から、(49)
- 伯父に大勢の中で恥をかかし<u>おつ</u>た。(67)
- 摺木(すりこぎ)で又おれの肩をぶち<u>をつ</u>た故、(129)

これらの例で明らかなように、「オル」はいわゆるアスペクトではなく、いずれも動作主を軽く卑しめる意を表すものとして用いられているのである。このような用法は現代では関西の中央部での方言に限定して見られるものであり、後の東京語へ

は連続していないことが注意される。なお、関西での形は、上接の母音と融合して「ヨル」の形をとっているが、この対立はこの当時から存在したもののようで、文政年間に成った『浪花聞書』には、「しよる　しをる也。来をるをきよるといふ。」のような記述が見える。

いずれにしても、この用法は、関西においては、その後も連綿として受け継がれ、生き生きと展開しているのであるが、東京では逆に、泡沫のごとくに消えさってしまったわけである。

打消の助動詞におけるズ系(ズ・ヌ・ネ)とナイ系との対峙について言えば、ズ系が圧倒的である。なお、ズ系のものがサ変動詞「する」に下接する場合、未然形セ・シのうちのシに連なる例が見える。

・借金を<u>し</u>ぬよふにした。(90)
・右の金談は<u>し</u>ずに、(107)
・油断を<u>し</u>ずに、万端気を付たが、(110)

「ナイ」は、全体で25例ほど現われている。次のようなものである。

・翌日、夜のあけ<u>な</u>いうちに起きて、(28)
・こまら<u>ない</u>よふにはなつたが、夫迄は誠に食物にはこまつた。(31)
・こんなことをして一生いてもつまら<u>ねへ</u>から、江戸へ帰つて、(37)
・おれがい<u>なゐ</u>内は、加持祈禱いろ／＼として、(38)

・他流は勝負をめつたにはし<u>なへ</u>から、(44)
・久敷おれが下谷辺へこ<u>なゐ</u>とて、なぜだろふといふと、(81)
・借金はし<u>ない</u>よふにした。(87)
・なんにもみんながよこさ<u>なゐ</u>よふになつた。(122)
・女房がおれにそむか<u>なゐ</u>故に、まんぞくで、(131)

　ちなみに、右の用例のうち、「つまら<u>ねへ</u>」「し<u>なへ</u>」の表記に注目しておきたい。いわゆる連母音の音訛については、この書にはほとんど認められないことが、すでに中村氏によって指摘されている。確かに小吉自身の表現には全体的に音訛が少ない。そして、たとえば、馬引のことばの引用としては、

・「<u>爰</u>にこじきが寝ていおつた。<u>ふてい</u>やつだ。なぜ囲ひの内へ<u>込</u>りおつた」(26)

のように意図的に音訛を多用させていることなどを見ると、小吉がある規範意識に立って文章を草していることがうかがわれる。しかし、それでいて、ここでの例のように、特定の語に限っての音訛は認められるのである。古田氏が指摘したように、これは、小吉の規範意識がここまでは及ばなかったということなのであろう。
　さて、打消の「ヌ（→ン）」に対応する過去の形は「ナンダ」であり、「ナイ」に対応する過去の形は「ナカッタ」である。天保期以前の江戸語においては「ナンダ」が専用されていたことがわかっているが、この書では「ナンダ」7例に対し、「ナ

カッタ」16 例で、「ナカッタ」の方が多く、約 2 倍の比率で現われている。

- なにもしら<u>なんだ</u>。(12)
- 亀沢丁はとおら<u>なんだ</u>が、(18)
- 腰がいたくつて、どこへも出<u>なんだ</u>。(32)
- きん玉が痛んであるくことがなら<u>なんだ</u>。(34)
- よく狼に食われ<u>なんだ</u>。(34)
- 毎日／＼内にはい<u>なんだ</u>。(39)
- 村中がなんともいわ<u>なんだ</u>。(118)
  以上 7 例
- 心もちがわるくつてなら<u>なかつた</u>。(22)
- きもがいれてなら<u>なかつた</u>。(22)
- 油断はし<u>なかつた</u>が、(23)
- よく死な丶かつた。(32)
- 少しも間違たことはし<u>なかつた</u>。(68)
- 夫からは何もしら<u>なかつた</u>。(68)
- のどがはれて、飯がくへ<u>なかつた</u>。(68)
- 息子が少しも泣か<u>なかつた</u>故、(77)
- いつも損をし<u>なかつた</u>。(82)
- 先生とハ同座同席ハ弟子がし<u>なかつた</u>。(84)
- もうけたが、たり<u>なかつた</u>。(90)
- 夫もし<u>なかつた</u>。(92)
- まだたり<u>なかつた</u>故、(93)
- おかしくてなら<u>なかつた</u>。(109)
- 壱文も貰は<u>なかつた</u>故、(120)

・刀がまたぐらへゐつて、あるかれなかつたが、(129)
以上 16 例(補1)

　かつて中村通夫氏は、この比率を主たる手がかりとして、「ナカッタ」は当初、旗本・御家人など比較的上層の階級に多く用いられ、そしてそれを契機としてしだいに「ナンダ」が圧倒され、東京語へつながったとした(中村 1948)。しかし、この点については、原口裕氏によって反証が提出され、再検討がなされている。原口氏は、「幕末期下層町人の間でこの語の広い使用が推測されるのである。文字にあらわれない庶民語での普及が『ナンダ』より『ナカッタ』の交替を支え、形容詞『無』の過去形との一本化を現出させたというべきであろう」とする(原口 1981)。また、金田弘氏も「ナカッタ」成立の経緯をめぐって詳細に論じている。金田氏は、原口説を受けて、「ナカッタが、江戸において発生したことは間違いなかろう」「活用形を整えつつあったナイ系使用者の間で使われ始めたものと思われる」と述べる(金田 1985)。

　筆者は、「ナカッタ」が、江戸への流入者の多かった下層町人層を基盤として普及し定着していったという点に注目している。はたして、「ナカッタ」は新たに江戸において発生したものなのだろうか。

　ここで、現代方言における打消過去表現の分布を見ることにしたい。図4は「行かなかった」に対応する形式の全国的分布の概況を示したものである。まず注目したいのは「ナンダ」の分布域についてである。「ナンダ」は京都を中心として描いた半径330キロメートルの円のなかにほぼおさまっている。「ナ

4. 『夢酔独言』に見る末期江戸語の方言　31

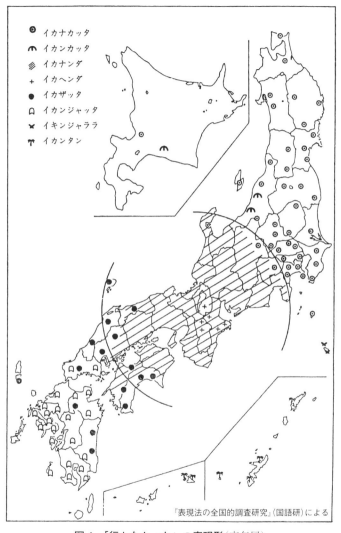

図4　「行かなかった」の表現形（高年層）

ンダ」がかつて上方から地をはうように周囲へ放射したことは一目瞭然である。

なお、図4はあくまで高年層における分布模様であって、近年では「ナンダ」はその内部からむしばまれている情況にあることを指摘しておきたい。表1は、「ナンダ」の領域内にある神戸市、大阪市、京都市および名古屋市で、生え抜きの若年層618人を対象に筆者が調査した結果を示したものである。

表1 若年層の「行かなかった」の表現形(1985年)

	神戸市 (118人)	大阪市 (297人)	京都市 (142人)	名古屋市 (61人)
ナンダ	0%	0.3%	0%	0%
ヘンダ	0	0.3	0	0
ヘンカッタ	48.4	86.2	92.9	8.2
ンカッタ	50.0	12.1	7.0	78.7
ナカッタ	1.6	2.0	2.1	13.1

京都市と大阪市では「ヘンカッタ」が圧倒的であり、名古屋市では「ンカッタ」が圧倒的になっている。そして、神戸市では両者が拮抗している。「ナンダ」は大阪市で若干現われるが、いずれの地においてもまったく消滅していることがわかる。各地ともに「ナンダ」はいまや完全に退化しつつあるのである。その要因については、分析化傾向と標準語の干渉による中間言語化へのなだれ現象を指摘することができるのであるが、その点についてはここではこれ以上触れないことにする。

「ナンダ」は、文献では、管見によれば『史記抄』(1477)から

見える。したがって、その発生はこの期よりもほぼ遠からぬ時点に設定することができよう。いずれにしても「ナンダ」はその後一種の流行語として都から勢力を持って周辺へと伝播していったものと推測される。そして、その勢いに乗じて江戸に飛火したのであろう。しかし、この「ナンダ」も、天保期前後から明治初年にかけての50～60年の間に「ナカッタ」と交替していくのである。

　図4によれば、「ナカッタ」は東日本の広い地域に拡大していることがわかる。では、これらの分布域のすべてが東京語の影響力によって形成されたのであろうか。この点に関しては、吉田澄夫氏がかつて、「江戸語における『ナンダ』より『ナカッタ』への急速な変化は大都会の言語状態にはあり勝ちなこととして肯定されるにしても、関東、東北の広大なる地域の『ナカッタ』は如何に解釈すべきか。これはやはり古くより一般的に行はれてゐたものと解するのが自然であろう。故に江戸語の『ナンダ』はむしろ例外的のもので、江戸文化の特殊の関係上発達したものではあるまいか。それは京阪語の影響を受けたのではないかという想像である。」と述べている（吉田1952）。これは鋭い指摘であった。筆者も「ナイ──ナカッタ」の体系の発生は江戸語よりもその周辺方言において早かったのではないかと考えている。その体系を持った人々、すなわち下層民の流入と定着、そしてそのことばの、上層への浸透、それが結果として、江戸語「ナンダ」を駆逐することになったのではないか。このことの証明のためにはさらに詳しい資料の補強が必要なのであるが、ともあれ、筆者は、江戸語、東京語の枠内だけで考えているとわからないものが周辺方言を視野に入れ

ることによって見えてくることのある点を強調したいのである。

　小松寿雄氏は、江戸語の特色の捉え方として、「殊に当時の周辺方言から見た江戸語の特色は重要な問題であるが、今のところ殆ど手がつけられていない状態である。」と指摘している（小松1985）。まさに、この視点こそが今後の江戸語、ひいては東京語研究の重要な課題と言えるのではないだろうか。

　なお、『夢酔独言』の用語に話題をもどすと、仮定表現に関して、接続助動詞に用いられ、「〜と」「〜たところ」という意を表す、あるいは動作・作用の完了したときを仮定する「タラ」の使用が特に目立つということがある。たとえば、

・「試合をしよふ」といつたら、なんとおもつたか、「今日は御免」とぬかしおる故、日限を約束して、兼吉の所へ行つもりにして、下谷連へいつてやつたら、「たゞ今屋敷へ来る」とて返事はよこさず、まつていたら近藤の弟子の小林めが肩衣なんどきおつて、おれの所へきて、いろ／＼あつかひを入て、「兼吉にわびをさせるから了簡しろ」といふ故、急度、根をしたら、「此後、万一、兼吉がおまへ様をかれこれいつたら、私が首を献じます」といふから免してやつた故、本所は大概おれの字になつた。

のようにである。これは現代の関西中央部の方言における「タラ」の頻用と比較することができよう^(補2)。対照して、そこに口頭語としてのある類型(簡略化)を抽出することができるように思われる。これからの検討項目の一つとしてここに提出しておきたい。

参考文献

金田弘(1985)「『なかった』考」『国語と国文学』62-5

小松寿雄(1985)『江戸時代の国語　江戸語』東京堂出版

田中章夫(1983)『東京語—その成立と展開—』明治書院

中村通夫(1948)『東京語の性格』川田書房

原口裕(1981)「近世後期語(江戸)」『講座日本語学 3』明治書院

古田東朔(1974)「幕末期の武士のことば」『国語と国文学』51-1

吉田澄夫(1952)「江戸語に関する一疑問」『近世語と近世文学』東洋館出版社

(1988.11)

補注

(1) その後、金沢裕之氏の指摘によって、「ナカッタ」の使用例を1例追加した。「少しもきづが付かなかったが、(43)」である。したがって、「ナカッタ」は17例となる。

(2) 明治期に入り、口頭語だけの運用になった大阪ことばの運用において、仮定を表す「バ」「ト」「タラ」が、次第に「タラ」一本へと収斂していく過程については、金沢裕之『近代大阪語変遷の研究』(和泉書院、1998)に詳しい。

5. 国民国家としての「国語」へ

1 上方語から江戸語へ

　江戸のことばが独自のものとして発達してきて、伝統ある上方語と拮抗するに至って、江戸語は武士を中心とした人々の往来を通して、しだいに各地に影響力を持つものとなってきた。全国に通用する共通語的性格をしだいに得るようになったわけである。

　さて、この期において、ことばの実際的な「標準」が上方（京坂）語から江戸語へ移行した時点を具体的に知る指標の一つは、各地で著された「方言書」に記される、方言形に対照される翻訳語形を追跡することであろう。

　方言が記述される場合に、それと対照されることばは、江戸の中期ごろまでは、明らかに京都のことばであった。ただし、この京ことば自体にも、現実には、ことばの"ゆれ"がさまざまに存在していたようである。

　それを具体的に指摘しているのが、安原貞室によって、慶安3年（1650）に刊行された『かたこと』という書である。貞室は

京都の人で、松永貞徳門下の俳人であるが、この書は、師の貞徳の説と自らの考えにもとづいて、主として京都における“ことばの乱れ”を是正しようとしたものである。

たとえば、

> 其様^{そのやう}なこと　此やうなこと　どのやうなこと　などいふべきを　そんなこと　こんなこと　どんにやこと　そがいなこと　こがいなこと　そんなこつちや　こんなこつちやなどいふこと葉を　よく／＼　つゝしみ嗜^{たしな}みていふべからず(中略)田舎^{ゐなか}人^{びと}のわらひ侍る京こと葉は是等^{これら}第^{だい}一なりとかや(巻五)

のような調子である。また、

> 唯^{ただ}といふべきを　たつた　たんだ　さきにといふべきを　さつきに(中略)中ゝを　なつかなか　なかなつか(中略)こと葉をかやうにつめていふこと如何といふ人も侍り。但うへより云つゞけ又いきほひか、りていふ時はくるしからじといへどもいはぬにはしかじ。殊に物に書^{かき}つくべきことにあらず(巻二)

といった記述は、“話しことば”と“書きことば”の差異を指摘するものとして貴重である。なお、京都のことばのほかにも、

> これへ渡られよといふことを　<u>近江こと葉</u>には　こちわたいといふ。是は渡らひといふ　ら文字を中略したること葉成

べければ　よろしかるべけれど　いかにぞやいやしう聞え侍る。(巻二)

　利口に口きゝ侍るを　こうへい　こへい　などといふは如何。阪東こと葉にこつべいといふこと侍るが此こうへいのことなるか。(巻二)

　それに座し給へといふことを　そこにねまれといふは北国こと葉なり(中略)ふつゝかなること葉のやうにおぼゆかし。(巻二)

　夷が千島のこと葉などのだみたるはいかに世にはやるともかりにも学ぶべからず。(巻二)

などのように(下線筆者)、各地の方言について触れるところがある。しかし、いずれにしても、あくまで京都での伝統的なことばを中心において、それを規範とする意識が明確に認められるのである。

2　江戸語の成立期

　次は、18世紀の前期から19世紀中葉までの約150年の間に、各地で著された方言を中心的話題にした一部の書と、それぞれの対照言語を示したものである。

〈棒線の右が対照される言語〉
　1720(享保5)年　　　仙台言葉伊呂波寄　仙台―京都語
　1748(寛延元)年　　尾張方言　　　　　尾張―京都語
　1767(明和4)年　　　庄内浜荻　　　　　庄内―江戸語

1775（安永 4）年	負笈日暦	出雲—京都語
1775（安永 4）年	物類称呼	全国—京坂語・江戸語
1790（寛政 2）年	御国通辞	盛岡—江戸語
1819（文政 2）年頃	浪花聞書	大坂—江戸語
1827（文政 10）年	方言達用抄	仙台—江戸語
1841（天保 12）年	新撰大坂詞大全	大坂—江戸語
1845（弘化 2）年頃	都久志ことば	筑紫—江戸語

　ここからも、上方から江戸への基準の移動期が 18 世紀の中葉あたりにあることを改めて確認することができる。

　寛延元年に成った『尾張方言』（山本格安著）での記述を例にとれば、

・川ほうずき　　京に海ほうずきといふ
・粉ふき　　　　赤小豆の上品なり
　　　　　　　　京ほこりかつき又大納言といふ
・高麗きび　　　玉蜀黍　京に南蛮きびと云

のようであって、尾張の方言に対照されることばはまだ、京（都）のことばが一般であったことがわかる。

　注目されるのは、『庄内浜荻』（正しくはたんに『浜荻』、『庄内浜荻』は各地に多くある同書名との識別上の後世の命名）である[1]。この書は、地方人への江戸語テキストとしての先駆書と目されているものである。

　著者の堀季雄(ときかつ)は、享保 19 年、出羽鶴岡の生まれ、宝暦 4 年、

20歳のときに江戸に上った勤番(江戸詰め)の藩士である。

ところで、日本語史の研究においては、宝暦期(1751〜63年)を江戸語の成立期と見、宝暦以降を江戸語の完成時代と見る立場が一般的である。したがって、堀の記述はこのエポックにおける江戸語を伝える可能性があり、その点でも注目されるのである。本書の序文によれば、明和4年の脱稿という。

地方人が上京するとしたならば、江戸語を知らなくては不自由であろう、恥もかくであろうという親切心から執筆したもののようである。贈る相手が婦人(水野華竹太夫の妻)であったので、婦人の身のまわりの語が多い。友人の夫人という特定の人に贈るところから、単に江戸語の会話集にとどまらず、懇切丁寧に、このように表現すれば笑われるとか、通じないといった内容をよく教えている。なお、著者は武士であり、贈られた人もやはり武士の夫人であるために、そこに扱われている語は、いずれにおいても上層階級のものであろうと推測される。

本文では、上段に「江戸にて」として江戸語を、下段に「庄内にて」として庄内方言を掲出している。注目されるのは、両地域の語の単なる対照にとどまらず、江戸語に対しての、いわば実用的立場からの堀自身の評価的見解が述べられている部分である。たとえば、

・ふとりたるを江戸にてどぶつといふ。肥(こえ)たと云詞江戸にて多くつかはず。
・結構人を江戸にて気がよいといふ。庄内にて気がよいといへば気象のさへたる事とす。近年江戸にて心に望まぬ事を気がないと云は下賤の詞にてよき人はいはず。

・そひがみヲ　なかはう
　江戸にてしやうじがみといふは<u>下賤の辞</u>なり。ちりがみといふもよし。
・のけヲ　しやれ
　江戸にてどけと云は<u>いやし</u>。

また、ときには婦人にと、特別に注意して、

・しりヲ　いきみ
　江戸にて<u>女詞</u>においどと云。
・つまみヲ　御手かけ
　くひつみと云もよし。<u>女の詞</u>にはうらいと云。惣じて<u>祝儀の詞づかひは男女よほど異なり</u>、習得て知るべし。

のように記している。下線を付した部分は江戸の位相語(社会的属性による言語変種)についての事実認識とそれに対するな・ん・ら・か・の・規範からの判定が加えられている箇所である。しかし、この規範が全体としてどのようなシステムを持つものであったかはよくわからない。

　なお、本来の規範からはずれたいわゆる訛語ではあるが、江戸ではすでに習慣となっていて誰あやしむものもなく、また、とがめるものもない語の例として、次のような語を末尾に掲げている。

　あそぶ(あすぶ)、紐(ひぼ)、見つかる(めつかる)、晦日(つごもり)(つもごり)、鮭(しやけ)、ざこ(じやつこ)、ぞうり(じやうり)、

観音(かんのん、……江戸にてはクワのかなを惣てカと云、かし、やかん、すいかんの類也)……(カッコ内が江戸語)

これらは、いずれもその後の、いわゆる下町ことばにつながる語であって興味深い。本書の記載によって、はからずも江戸語の実相の一端を垣間見ることができるのである。

3 最初の全国方言辞典

ところで、安永4年に成った『諸国方言物類称呼』(越谷吾山著)は、わが国最初の全国方言辞典である。この書の記述態度は、序文に見える「畿内にも俗語あれば、東西の辺国にも雅言ありて、是非しがたし。しかしながら、正音を得たるは花洛に過べからずとぞ」という表現からうかがわれるように、基本的には京都のことばを標準と認めるもののようである。しかし、個々の項目の記述では、

小路こうぢ　京都にて称す　江戸にて　横丁よこてうと云　大坂にて　小路しゃうぢと云

河岸かし　江戸にて　かしといふ 本町河岸或は浜町がしなど云　大坂にて　はまといふ 浜の芝居などといふ　京にて　川ばたといふ

のように、京都、大坂のことばと江戸のことばを対等にならべて説明しているものが多い。この取り扱いには、江戸語が上方語とならぶ共通語的性格を持つものとなってきていたことがうかがわれる。

文政年間に成った『浪花聞書』(『浪花方言』とも)は、大坂ことばと江戸語を対照したものである。著者は不明だが、江戸出身の人であったようで、江戸の立場から大坂ことばの実態をかなり詳細にとらえている。なかでも、

　水くさい　塩あまきことをもいふ　江戸でいふ水ぽいなり
　　　　　　心切ならざるをもいふ
　ほしい　　何して貰たひと云ことを何してほしいと云
　きくな　　しゆんぎくなり
　きる　　　笠をかむるといはず笠をきると云
　さらす　　何さらすなどいふなり江戸で云何しやアがるなど
　　　　　　なり
　あんた　　江戸で云あなたなり　あがめていふ言葉なり　我
　　　　　　より目上の者をも通して己(コチ)のあんたなどゝいふ
　様(サン)　男女とも常言　さまといはず観音さん　薬師さん
　　　　　　抔といふ
　風呂屋　　銭湯なり　ふろ又ゆともいふ　しかし関東なまり
　　　　　　にて湯ハ何処にある抔尋れば柚(ユ)の有所八百屋
　　　　　　をおしゆるなり

といった記述が興味深い。東西のこれらの表現のありようは、現代においてもほぼそのままの形で存在している。そのこと自体が驚きである。

　一方、やはり著者は不詳だが、『新撰大坂詞大全』は、天保期の大坂ことばを採録したものである。この書の序文には、「をしてるや浪花詞を一ツふたつかいしるしたる大坂詞上(かみ)かた

5. 国民国家としての「国語」へ 45

風のなまぬるきお江戸詞のきつとした人にみせへきふみならね
と」といったへりくだった表現がある。ここには大坂人の立場
から江戸語の存在を強く意識していることが示されていよう。

　以上の方言書の記述からも見られるように、江戸時代の後期
にいたると、上層階級の江戸語は、しだいに全国に通じる、い
わば普通詞[2]としての地位を占めはじめてくる。

　この点について、外側からの記述、すなわち欧米人の日本語
に関する記述を見よう。ドイツの日本学者 J・J・ホフマンは、
『日本文典』(1867年)の緒論において、

> 江戸の影響が帝国の最も遠隔の地にも及び、各地の学校の教
> 育がこの江戸の言葉で行われて以来、諸国の教養ある人達
> は、学問ある人との交際にこの言葉を用い、地方的な方言は
> 下層階級の人達にまかせてしまった。(三沢光博訳『ホフマ
> ン日本語文典』による)

と、江戸語が全国の教養層に通用することばとなっている情況
を記している。ただし、このホフマンは実際には日本に来朝す
ることのなかった人である。

　なお、安政6年(1859)から明治25年(1892)まで滞在し、宣
教師として、また教育者として活躍した J・C・ヘボンは、ヘ
ボン式ローマ字で有名な人であるが、彼はその著『和英語林集
成』の第2版(1872年)の序論で追加した「方言」の項におい
て、古くからの首府であった京都のことばが標準的な最も権威
あるものとみなされている、と述べる一方で、江戸語を話す者
は、教育ある階級の間では日本国中どこにおいても少しの困難

もなく理解されるであろうという趣旨のことを述べている。

すなわち、江戸語は標準語とはされないが、事実上全国の共通語として機能しているということを認めているのである。

ところで、この『和英語林集成』の増訂第3版(1886年)以降では、この部分の記述に若干の補正が施されている。それは、まず、Edo を Tôkyô と改めたことと、次の文の挿入である。

since the restoration and the removal of the capital to Tôkyô, the dialect of the latter (Tôkyô) has the precedence.

これは、東京語が京都語に対して優位に立つようになったという点の注記である。明治の代になり、首都の東京への移転ということの結果として、東京語が全国に通用すべき言語であるというだけではなく、標準としての地位をも獲得するにいたったというわけである。ヘボンの記述自体はごく簡略なものであるが、この指摘は、江戸語から東京語への推移を考える上において、まさに重要なポイントとなるものであろう。

4　国民国家の成立

1869年の東京遷都によって、江戸改め東京は、名実ともに日本の首府として政治・経済、そして文化の中心となった。

時の政府の急務は、中央集権国家として、政治的・社会的に全国的な統一をはかることにあった。それは、分割された各藩

の領地の内部でしか生活が許されていなかった領民を、そういう生活から解放し、士農工商という階層によって分割されていた人々を、いわゆる四民平等の理念のもとに、一つの国民として、一つの国家のもとにおさめる、いわばそのような国家づくりであったと総括できよう。

そのプロセスでは、当然のこととして、人々の意識の根幹であることばの統一、標準化が求められたのである。また、開国に伴って、対外的にも近代国家として正式な国語を確立しておく必要にせまられたのである。

　一国の国語は、外に対しては、一民族たることを証し、内にしては、同胞一体なる公義感覚を団結せしむるものにて、即（すなは）ち、国語の統一は、独立たる基礎にして、独立たる標識なり。されば、国語の消長は、国の盛衰に関し、国語の純、駁（ばく）、正、訛は、名教に関し、元気に関し、国光に関す。豈（あ）に、勉（つと）めて皇張せざるべけむや。

これは、大槻文彦『広日本文典別記』(明治30年)の序論における記述である。日清戦争の勝利を背景に民族意識が高揚した時点での、強烈なナショナリズムの凝縮をこの表現に見ることができようか。

5　国語・国字改革の流れ

ところで、ことばの統一に向けての論調の流れにおいて特に指摘しておきたいことは、明治もなかば以前においては、論が

いまだ客観的でおだやかであったという点である。

　明治17年(1884)、三宅米吉が雑誌『かなのしるべ』に寄せた「くにぐにのなまりことばにつきて」という論説をここに取り上げる。三宅は、のちに東京文理科大学(東京教育大学をへて今日の筑波大学)の学長になった人である。この論説を草した明治17年において、彼は25歳の青年であった。

　三宅は、まず、日本語の地域的差異に関して、

　おなじ　につぽん　の　しまうち　に　ありながら　六〇あまり　の　くにぐに　が　あたかも　ごばん　の　めのごとく　に　たちわかれて、おのおの　ひとりだち　してわがまま　かつて　に　その　ふうぞく　ありさま　を　つくり　なし、したがいて　ことば　をも　とりどり　に　かえなしき。されば　みやこ　ちかき　あたり　の　ひとが、しをたるる　えぞ　が　ちじま　や、さつまがた　おきの　こじま　わ　さておき、すこし、みやこ　はなれたるやまざと　に　いたらば、われ　の　いう　こと、かれ　がいう　こと、かたみ　に　ことば　かよわず　して　こころ　を　つくし　えざりけり。

と指摘した上で、このような地域差を解消し、日本語を統一する方途について検討する。

　第一は、「いにしえことば」「みやびことば」すなわち古語、雅言を基本として、各地方言をこれに回帰させていくという方法である。いわば雅言主義である。

　第二は、「いま　まのあたり　もちいらるる　ことば」すな

わち現代語を採用するという方法である。この場合には、京都のことばを標準とする途と、東京のことばを標準とする途の二つがありうるとする。

そして第三は、京都も東京も、大都市ではことばが雑多に混交しているから、全国の方言を調べてみて、話し手の最も多いものを採用するという方法である。いわば多数決主義である。

しかしながら、これらどの方法も現実に実施することには困難がある、と述べる。ならばどうすればいいのか。

　しょせん　いま　くにことば　の　もとい　を　さだめて、むりおし　に　くにぐに　の　なまり　を　あらためさせんと　する　わ　ほねおりて　その　かい　なき　わざ　なるべければ、ただ　なを　ますます　くにぐに　の　ゆきき　の　べんり　を　まし　その　ゆきき　を　しげくし、まじらい　を　あつく　させ、しらず　しらず　みづから　あらためさする　に　しく　なかる　べし。

つまり、社会的に国内の交流を増大させ、人々の接触を促進することによって、自然のままに、ことばを改変していくことが、言語統一の最上の方法だというのである。あくまで、言語に直接人為を加えることは否定しているのである。当時の時代情況を考えるとき、このような進歩的な言辞は、まことに注目に値する。

彼はまた、日本語の統一の手段を考えるにあたっては、まずその変異の実態に関する基礎的なデータの収集こそが肝要であると説く。

くにぐに の なまりことば を ひとつ に あらためん こと わ、しよせん でき がたかる べし とわ おもわるれ ども、いまだ よに その なまりことば を くわしく しらべたる もの なくて、ただ いといと みだれたる なる べし と おもいやる のみ にて くわしき こと わ たれも しらざめれば、いま まづ これ を くわしく とりしらぶる こそ さき なれ とわ おもう ものから、

　明治17年(1884)といえば、すでに110年以上も前である。しかし、この三宅の論は、まさに現代にも通用する正論であろう。この時代にどうしてこのような科学的な論調を展開することができたのか、不思議なくらいである。

　三宅が上の一文を寄せた『かなのしるべ』は「かなのくわい」の機関誌である。

　「かなのくわい」は、明治16年(1883)に結成された仮名文字専用を主義とする団体で、月の部は歴史的仮名遣を、そして雪の部は発音式仮名遣を主張した。三宅が後者を支持していたことは、その表記からうかがうことができよう。同じ『かなのしるべ』誌上で、明治18年(1885)、東京のことばこそが最も広く全国に通用するものだとして、その優位性を論じた島野静一郎の文章は、歴史的仮名遣で書かれている。

わが くににば おほくの くになまり ありて いづれを たゞしき ものとも わかちがたし しかれども もつとも ひろく つうじやすき ことば は とうきやうの ことばに

5. 国民国家としての「国語」へ　51

しく　もの　なかるべし。

　さて、このような、日本語の表記の問題についての口火を切ったのは、開国直前の慶応2年(1866)に、時の将軍、徳川慶喜に建白された前島密による「漢字御廃止之議」である。
　これは、国民に教育を普及するには西洋諸国のような平易簡明な文字・文章を用いなければならない。それには学習に困難な漢字は廃止して、仮名のような「音符字」を用いて、いつかは日常の文章にも漢字を使わないようにしようという論議である。前島はまたそのなかで「今日普通の言語のツカマツル、ゴザルの言語を用ひ」(前掲)、話しことばと書きことばを同一にしたいとも述べている。
　明治2年(1869)には、漢学者、南部義籌が「修国語論」を建議する。これは西洋の26文字をもって国語を修めるべきだとする、いわゆるローマ字論である。南部はまた明治5年(1872)には、文部省にローマ字採用に関する建白書「文字ヲ改換スル議」を提出し、

　　至便ノ洋字ヲ以不便ノ漢字ニ換ヘ吾国固有ノ言辞ヲ修メ学ヒ
　　易キノ学ヲ起サハ人ノ之ニ従フコト猶水ノ下ニ就クカ如クナ
　　ラン　実ニ好機会ト云フヘシ

と、時まさに漢字廃止の絶好のチャンスであると強調する[3]。
　このような論議は、開国にあたって、わが国の制度、習慣を西欧化しなければならない、ともかくも先進国、欧米のすべてを吸収すること、それがすなわち"富国強兵"への道である、

と識者たちが悲しいあせりをいだいていたところから起こってきたと言える。漢字廃止論を唱えるその文章が、漢字を駆使して起草せざるを得なかったのは歴史の皮肉であった。

　もっとも、この時代にも、このような急進的な議論に疑問を呈する人もないではなかった。たとえば、大久保利通は、前島密が漢字廃止の実践団体「廃漢字会」を設立しようとしたとき、次のように述べたという（『鴻爪痕』大正9年による）。

　　君等の論旨太だ善し、然れども漢字に多くの貴族（儒者、漢学者）を有す。而して上は政府の有司より、下は農商の庶民に至るまで、皆此貴族の指呼に順従せるに非ずや。君等今此貴族を顚覆し、文学の大革命を為さんとするは、其術ありや否や。

　漢字の廃止は結構なことだ。しかし、漢字は知識階層によって多く用いられているのだ。国民の各層はこの知識階層の指導に従っている。その知識階層の存在を無視するような大変革（漢字廃止）には、はたして成算があるのかどうか、と率直な疑問を呈したのである。

　このようななかにあって、福沢諭吉の論説は比較的おだやかなものであった。福沢は、漢字には確かに不都合なところはあるが、だからといって今すぐに全廃しようとするのもまた不都合である。その廃止にあたっては、時節を待つよりほかに手段はないであろうと述べ、そこへの到達の過程では、

　　ムツカシキ漢字ヲバ成ル丈用ヒザルヤウ心掛ルコトナリ。ム

ツカシキ字ヲサヘ用ヒザレバ漢字ノ数ハ二千カ三千ニテ沢山ナル可シ。(『文字の数』明治6年)

として漢字制限論を説いたのである。福沢のバランス感覚、そして先見の明には改めて驚かされる。

さて、このような国字改革論に連動して、文体や用語の改新ということが問題にされるようになった。この面でもまた外国語との接触、具体的には翻訳の形において、その問題が浮上したのであった。

多くの翻訳物が出版されるなかで、明治20年頃までの文章は、だいたい漢文直訳体の仮名まじり文である。漢文調の文章は格調は高いけれども、難解で親しみにくい。他方、一般の人々の理解のためには、口語による平易な文体が適当であるが、通俗に過ぎ、明治の新時代の感覚を盛り込むことのできないうらみがあった。したがって、初期の翻訳は、

圧抑スル（オシツケル／アツヨク）　許多（ソコバク）　過厳ナル（キビシスギル）　英才（ヒイデタルサイキ）(中村正直訳『西国立志編』明治4年)

のように、ふりがなをつける方法がなされた。この場合には、上に読み方が、下に意味が示されている。内容面の高さの維持を意図しつつ、しかも広く一般の人々に理解してもらうためにとられた折衷的な表現手法である。

しかし、明治20年代以降は、しだいに、原文を忠実にうつす、真の意味での翻訳といいうるものになってきた。このような翻訳の変化は、やがて言文一致の運動にも影響を及ぼすこと

になったのである。

6　言文一致の試み

　ことばの統一に関して、言と文、すなわち、話しことばと書きことばという、二つの文体をどのように考えるべきかという問題があった。

　平安時代に仮名が発明され、その仮名が普及するとともに、鎌倉、室町時代以降、書きことばと話しことばとはそれぞれ独自の発達をとげ、だいたいにおいて別個の文体体系として行なわれてきた。この二つの文体の合一がすなわち"言文一致"であるが、実際の言文一致運動は、この用語をはじめて使った人物である神田孝平が、「平生談話ノ言語ヲ以テ文章ヲ作レハ即チ言文一致ナリ」(「文章論ヲ読ム」明治18年)と述べるように、書きことばを話しことばにできるだけ近づけようとする努力なのであった。

　明治20年代になると、二葉亭四迷が、小説『浮雲』(明治20-22年)で"ダ体"を試み、山田美妙が、当時まだ俗語であったデスを用いた"デス体"で『胡蝶』(明治22年)を著わすなどして、文壇での言文一致運動が一挙に本格化する。

　一方、嵯峨の屋御室は、小説『野末の菊』(明治22年)で"デアリマス体"を採用した。このデアリマスは、江戸の遊里に胚胎するもののようであるが、明治以降は特に一対多の場面において、あるいは軍隊用語として多用された表現である。今日でも演説口調として耳にすることが多い。

　ところで清水紫琴の『こわれ指輪』(明治24年)は、次のよう

な文体で書かれている。

> あなたは私の此指輪の玉が抜けて居り升のがお気にか〻るの、そりやアあなたの仰つしやる通り、こんなに壊はれたまんまではめて居り升のは、余(あん)まり見つとも能(よ)くあり升んから……

これは、明治 20 年代の東京の話しことばにほぼ近い言い方である。「そりやア」(それは)のような融合形は、いわゆる下町ことばを中心に広く存在したものである。「まんまで」、「余(あん)まり」などの「ん」の挿入も同様である。また、「お気にか〻るの」、「見つとも能(よ)く(ない)」などの表現も、当時の東京語の特徴の一つに数えられるものである。

なお、尾崎紅葉は、明治 24 年の『二人女房』において"デアル体"を用いて言文一致を試みた。紅葉は当時愛読していたゾラの英訳小説などの言文一致によるリアリスティックな細かい描写に強く感動し、その影響を受けたのだという。この"デアル体"は紅葉の後の『青葡萄』(明治 28 年)、『多情多恨』(明治 29 年)の二作において、文体として完成されたとされる。これは、"デゴザイマス"が敬意に過ぎ、一方"ダ"がぶっきらぼうの感じを与えるということから、"デアル"がニュートラルな非対話性を持つものとして迎えられたためと考えられる。

しかし、この"デアル"については英語の be や文語の「なり」に対応する翻訳調のことばであり、話しことばとしてはふつう用いられない。話しことばに近づいた書きことばが"デアル"の採用によって、ふたたび話しことばから一歩遠のいたこ

とになったとも言えよう。

　このように言文一致体の文章は、当時の東京語にもとづいたものではあったが、文章に書く以上は、どうしても文章語形式に拘束される面がある。したがって、実際の東京の話しことばとは合致しない点がいくつか存在するわけである。しかしながら、言文一致体の文章の一般化は、読み書きの面で東京語の全国への普及をさらに促進することになったことは、疑いのないところである。

　言文一致の運動は文芸の分野に限らず、一般の啓蒙書や新聞の分野でも進められた。特記すべきは、明治33年(1900)に帝国教育会の内に結成された「言文一致会」の果した役割についてである。

　その第一は、言文一致の実行についての請願書を貴衆両院に提出して可決され、政府をして国語調査委員会を設置させたことである。第二は、全国連合教育会に、学校の教科書の文章を言文一致の方針によることの議案を提出して可決され、国定の国語読本に口語体を採用させることになったことである。同会は所期の目的を達したということで、明治43年(1910)に解散した。

　なお、公用文にはその後も文語体の文章が慣用されていたが、昭和21年(1946)に官庁公用文における"デアル体""マス体"の採用があり、ここにはじめて公用文の口語化が実現したのである。

7　標準語の東京語準拠論

　明治35年(1902)に、文部省のなかに設置された国語調査委員会は、国語・国字の近代化をはかるための基礎データを得る政府調査機関である。その委員会がはじめに立てた調査方針は、次の四項であった。

(一)　文字ハ音韻文字(フォノグラム)ヲ採用スルコトトシ仮名羅馬字等ノ得失ヲ調査スルコト
(二)　文章ハ言文一致体ヲ採用スルコトトシ是ニ関スル調査ヲ為スコト
(三)　国語ノ音韻組織ヲ調査スルコト
(四)　方言ヲ調査シテ標準語ヲ選定スルコト

　この四項のうち、(三)は(一)の「音韻文字ヲ採用スル」にあたっての科学的基礎的な調査として位置づけされるものであるが、いずれにしても、時の政府が、漢字廃止を前提として調査を開始している点に注目したい。この点は漢字廃止論が影をひそめた今日の情況からして格別に興味深いのである。
　また、(四)は(二)の「言文一致体ヲ採用スル」にあたって、その「言」の基準たるべきことばに、どこのどのようなものを選んだらいいかということについての、科学的基礎的な調査として位置づけされるものである。ここでは、「標準語」という用語が、公的文書にはじめて登場したという点を指摘しておきたい。
　standard languageの訳語としての「標準語」という名称を

最初に用いたのは、岡倉由三郎である。岡倉は明治23年(1890)、『日本語学一斑』において、

> 社会変動の模様により、他を悉(ことごと)く凌(しの)ぐに至らんには、その用ゐ来れるもの、直に標準語の位置を占め、爾余は皆、方言となり果つるの外なし。故に標準語となり、方言となるは、其思想交換の具として優劣あるが為ならず、常に、之を用ゐる者全体が、政治上の都合により、上下するにつれ、定まるものなり。

と記し、標準語の位置にすわる言語は、その言語自体の内的な要因によってではなく、あくまで外的な社会的要因によって客観的に決まるのだと説いている。

さて、この5年後の明治28年(1895)に、帝大教授、上田万年(かずとし)が、雑誌『帝国文学』創刊号に「標準語に就きて」という論文を発表する。上田は当時29歳の若きエリートであった。

この論文のなかで上田は、イギリス、ドイツ、フランス、イタリアなどヨーロッパの先進国において、それぞれどのような過程で標準語が発達し、確立したかを概観しながら、わが日本においても、美しい洗練された標準語が育ってゆくべきことを強調する。

> 願はくは予をして新に発達すべき日本の標準語につき、一言せしめたまへ。予は此点に就ては、現今の東京語が他日其名誉を享有すべき資格を供ふる者なりと確信す。たゞし、東京語といへば或る一部の人は、直に東京の「ベランメー」言葉

の様に思ふべけれども、決してさにあらず、予の云ふ東京語とは、教育ある東京人の話すことばを云ふ義なり。且つ予は、単に他日其名誉を享有すべき資格を供ふとのみいふ、決して現在名誉を享有すべきものといはず。そは一国の標準語となるには、今少し彫琢を要すべければなり。

この論文は、各方面に大きな影響を及ぼした。「標準語」という名称がわが国に定着したのは、この論文を契機にするとまでいわれる。

ところで、上掲の国語調査委員会は、この上田の進言に基づいて作られたものである。そこでは、「方言ヲ調査シテ標準語ヲ選定スル」とあるが、上田の頭のなかには"東京語に準拠して標準語をたてる"という方向が、すでに固まっていたわけである。

なお、国語調査委員会が調査方針を発表した明治35年(1902)、岡野久胤が『言語学雑誌』(3—2)に、「標準語に就て」という文章を寄せ、

言文一致の文は其語其語法を東京語の何れの部分、何れの社会——何れの階級の言語を標準とするやの問題を出すこと、思ふ。即ち同じ東京語の中でも階級・職業・年齢・男女等によつて言語の相違あることは著しいもので、(中略)之を例を以て示してみれば、
　　私にも、それを下さい　　　　　通用語
　　あたいにも、それをおくんな　　男児
　　私にも、それを頂戴な　　　　　女児

> 　私にも、それ頂戴よ　　　　　芸妓社会
> 　僕にも、それ呉れ給へ　　　　書生社会
> 　わしにも、それくんねい　　　職人社会
> の如く各社会言語の差異を枚挙せば其種別幾許(いくばく)あるか知れない位である。勿論、共同(通用)の場合も少なくない。斯(か)く差異ある言語の中、言文一致の採るべき標準語は孰(いずれ)なりやと言へば此東京の社会一般に通用する言語即ち中流社会の男子の言語を採るのである。それで尚ほ言文一致は中流社会の言語に修飾を加へて用ひると云ふのである。

のように主張している。したがって、実際にはこの期において、標準語論の論調はすでに"東京の中流社会の教養層の言語"を基調として、標準語を立てるというところに収斂しつつあったと見ることができよう。

　しかし、一般に広く知られる形で、東京語準拠論が明示的に規定されたのは、大正5年(1916)に、国語調査委員会の研究成果の一つとして刊行された『口語法』によってである。その例言には、

> 主トシテ今日東京ニ於テ専ラ教育アル人々ノ間ニ行ハルヽ口語ヲ標準トシテ案定シ、其ノ他ノ地方ニ於ケル口語ノ法則トイヘドモ広ク用ヰラルヽモノハ、或程度マデ之ヲ斟酌シタリ。

として、東京語を標準として口語の法則を立てることが明らかにされている。また、『口語法』の解説書である『口語法別記』

(大正6年、大槻文彦担当)では、

> 東京わ、今わ、皇居もあり、政府もある所で、全国中の者が、追々、東京言葉を真似てつかうようになつて来て居るから、東京言葉を、日本国中の口語の目当とするがあたりまえのこと、思う。しかしながら、東京言葉と云つても、賤しい者にわ、訛が多いから、それは採られぬ。そこで、東京の教育ある人の言葉を目当と立て、そうして、其外でも、全国中に広く行われて居るものを酌み取つて、規則をきめた。

と、その間の事情をさらに明確に述べている。

ここで、「全国中に広く行われて居るものを酌み取つて」とある点に注目したい。国語調査委員会での全国的な方言調査の結果(『口語法調査報告書』明治39年)が、標準語の指針の一つとして利用されているのである。

次は、その具体例である。

> 「よくなる」「長くかゝる」「嬉しく思う」「新しく作る」「よくて」「嬉しくて」などゝ、文語のまゝに、「く」と発音するわ、関東、奥羽、松前、静岡県、山梨県、長野県と越後の一部であつて、尚、佐賀県の唐津、宮崎県の延岡、其外、諸処でも云い、そうして、沖縄県でも「く」と云う。其外、愛知県、岐阜県、富山県、越後の一部から、西は九州まで、すべて「ようなる」「長うかゝる」「嬉しう思う」「新しう作る」「ようて」「嬉しうて」であるが、愛知県、富山県、出雲、高知県に、「く」をまぜて云う所がある。因て初わ両立させる

ように案を立てたが、決議の末に、「く」とすることゝなつた。

これら、『口語法』『口語法別記』は、以後の学校文法の世界に強い影響を及ぼしたばかりではなく、その東京語準拠論は、それまでの標準語論に決着をつけ、大正から昭和にいたる標準語政策・標準語教育の方向を決めたといってよい。そして、これを成功させることを名目としての方言への弾圧も、一方でまた激しくなっていったのである。

8　東京語のブーム

以上述べた標準語論の動向とは別に、現実には、明治のごく初期においてすでに、東京語は教養層の間では全国どこでも、ほぼ困難なく理解されるという情況が到来していたことは上述の通りである。ところで、明治18年(1885)の6月30日発行の新聞『自由灯』には、次のような投稿が掲載されている。

王政維新の前よりして久しく封建の関所に閉ぢられし国訛りの片言葉も有志の交際が盛んになるに従ひて君や僕の諸生言葉となり其後廃藩置県となるの後に至りては孰れも輦轂(れんこく)の下(もと)へ我れ先きにと出掛けしより何日(いつ)の間にか東京言葉を使ふ様になりゆきたるのみならず昔は為永派の人情本にて読み覚えし東京言葉も今は傍訓(ふりがな)新聞にて読み覚ゆる十分の便利があるから生意気な諸生は未だ東京へ足踏みをしない時よりして自(みづ)から東京言葉を使ふ者がある位にて又三菱共同両会社の汽船

が毎日の往復にます／＼東京の風俗を地方へ輸入するの便利を増したるなど是れ皆東京語の津々浦々まで滞りなく通用する原因とオホン此愚坊が自分免許の現在社会学で判決致しました。

大風呂敷をひろげ気味の記事ではあるが、当時の一種の東京語ブームの一端を伝えていよう。

9　沖縄における混乱

　ここで、中央から特に離れた位置にある沖縄のことを取り上げる。

　中央では、明治4年、廃藩置県が断行され、民族国家的な統一体制ができあがったが、社会事情が複雑だった沖縄では、それから遅れること8年、明治12年に置県制度が布かれた。この地での言語教育の問題には、とりわけ切実なるものがあったようである。

　琉球王国の成立(1429年)以来、450年間、首里語を指標としてきた沖縄の人々にとって、首里語の上に、体系の異なるヤマトことばがかぶさることになったわけで、言語生活の上での大変動がおこったのである。そこで、まず当面の問題として、中央語で新教育を推進することのできる人材が必要となった。そして中央語が読み書きできるような特殊教育を速成する「会話伝習所」が、明治13年に設立された。そのときの教科書として使われたのが、沖縄県学務課の編集になる『沖縄対話』(上、下)という二冊の本であった。

その内容を見ると、

○貴方ハ　東京ノ　言葉デ　御話ガ　出来マスカ
●ウンジュー　トウキャウヌ　クトバシャーイ　ウハナシ　ウナミシェービーミ
○ナカナカ　ヨクハ　話セマセヌ
●アー　シカットー　ハナシェー　ナヤビラン
○誰レニ　御習ヒナサレマシタ
●ターカラ　ウナレーミシェービタガ
○此頃　伝習所デ　習フテオリマス
●クヌグロー　デンシュウジュウテ　ナラヤビーン
（中略）
○東京ノ　言葉ハ　広ク　通ジマスカ
●トウキャウヌ　クトバー　ヒルク　ツウジーガシャビーラ
○何県ニテモ　大概　通ジマス
●マーヌチンヤテン　テーゲーヤ　ツウジヤビーン

のような次第である。これによっても、当時の日本で通用する言語が「東京ノ言葉」であったことがうかがわれる。なお、沖縄の人々が「東京ノ言葉」を指標として学ぼうとしていることは注目しておいてよいだろう。

　ところで、沖縄のことばの話し手からすれば、東京語は外国語を学ぶに近い努力が必要であったものと思われる。それだけに実は抵抗も強かった。しかし、東京語の使用は社会で優位を得るための、いわば生活技術でもあったから、結局は学習に努めたのである。現在でも、たとえば関西の人たちよりも沖縄の

人の方が、公の場で東京語を話すのは上手である。

10　国定教科書の用語

　最初の国定教科書である『尋常小学読本』(イエスシ読本[4]とも)は、明治37年(1904)から全国の小学校において使用されたが、そこでは全面的に口語体の文章が採用された。編纂趣意書には、次のように記されている。

　文章ハ口語ヲ多クシ、用語ハ主トシテ東京ノ中流社会ニ行ハルルモノヲ取リ、カクテ国語ノ標準ヲ知ラシメ、其統一ヲ図ルヲ務ムルト共ニ、出来得ル丈児童ノ日常使用スル言語ノ中ヨリ用語ヲ取リテ、談話及綴リ方ノ応用ニ適セシメタリ。

　ここでは「談話及綴リ方ノ応用ニ適セシメタリ」とある点に留意したい。すなわち、『尋常小学読本』の文章および用語は、話しことばにとっても書きことばにとっても「国語ノ標準」を知らしめるためのものであったということである。
　また、この教科書は、それ以前の教科書において、いわゆる"ゆれ"のあった用語を整理し、統一する役割を果したことでも知られている。
　「おとうさん」「おかあさん」などの親族名称の呼び方について、明治20年の『尋常小学読本』と明治33年の『国語読本』とこの国定第一期『尋常小学読本』を比較すると、表2のようになる(飛田良文氏の調査による)。
　すなわち、ととさま→おとうさん、ははさま→おかあさん、

表 2　親族名称の表現の変遷

	明治 20 年 尋常小学読本 文部省編輯局	明治 33 年 国語読本 坪内雄蔵	明治 37 年 尋常小学読本 文部省
父	ととさま	とと様	オトウサン
母	ははさま	母さま	オカアサン
兄	あにさん	兄サマ	ニイサン
姉	姉さん	あねさま	ネエサン
弟	弟	おとうと	弟
妹	いもと	妹	妹
叔父	叔父	をぢさん	をぢさん
叔母	叔母	をばさま	をばさん
祖父		ぢゞ、オヂイサマ	おぢいさん
祖母		ばゞ	おばあさん

あにさん（さま）→にいさん、あねさん（さま）→ねえさん、のように変わっているわけであるが、特に「さま」から「さん」への変化については、国定第一期で意図的に統一したふしが見受けられる。その結果、この親族名称が、その後一般家庭での呼び方として普及したのである。

11　ラジオ放送の貢献

　当時の全国小学校の学齢児童の就学率は、94.4% の高さに達していた。したがって、標準語教育は日本のほとんどの児童に施されることになったわけである。特に標準語を"読み"、そして"書く"能力を与えることに関しては大きな成果が上がった。

　しかし、その効果はいずれにしても、書きことばとしての標

準語の範囲から遠く出るものではなかったと認められる。具体的な標準語を耳で聞く機会のほとんどない地方の子どもたちに教科書のことばのみによって、"聞き""話す"ことを強制しようとしても、土台無理なところがあったはずである。フィールドワークで訪れる地で、しばしば年輩の人たちが、標準語のことを「教科書のことば」と表現することを聞くが、このような表現はそうした背景を物語っていよう。

　そのようななかで、大正14年(1925)に開始されたラジオ放送は、全国民に対して、具体的な標準語を"聞く"機会を与えた。ラジオ放送は、標準語を音声的に理解する能力の向上に、大いなる貢献をしたわけである。そしてその後の放送の発達は、単に標準語の普及を推し進めたばかりでなく、放送を通じて、ことばそのものも、しだいに整えられ、洗練されていった。それは標準語の内容自体にも大きな影響を与えたのであった。

　なお、当時、標準語を実際に"話す"べき場としては、特に男子において、兵役に服したときが、その具体的な機会であったと推測される。

12　方言撲滅運動

　明治の言語統一の考えは、第2次世界大戦前まで続いた。それは言語のバリエーションを認めて、共通の媒介物で統一をはかるというものではけっしてなかった。戦後は、各地の方言の存在も正当に認め、もう一つ別のレベルの「共通語」で各地を結ぼうとする考え方が広まったが、当時はそのようなバイリン

ガリズムの考えは、ほとんど見られなかったといってもよい[5]。

したがって、各地の方言は標準語の普及にとっては、じゃまなもの、無用のものとみなされて、社会的に〈悪〉の存在とされた。そして、この〈悪〉をつみとるのが標準語政策であり、国語教育の目標となった。

そのようななかで、「方言撲滅」というスローガンが打ち出されてきたことは、いわば当然のなりゆきであったのかもしれない。

そして、方言撲滅の成果を上げるための極端な指導として、教師の摘発や生徒の告発によって、方言を使用した生徒の首に札を下げさせたり、背中に貼り付けたりする例もあった。いわゆる「方言札」である。

しかし、こういった教育も、たいして効果はなかった。標準語をうまく"話す"子どもたちをつくることにはならなかったのである。むしろ、そこでつくり上げられたのは、自分たちの母語に対する卑屈な敗北感であった。

地域社会で生まれてまず両親から習うことば、それでものを考えて育ち、それで日々の生活を過ごしてきた、この生活のことばが学校では使用を禁止されたのである。それを話すことは悪いこととされたのである。

13　植民地での日本語普及計画

そのような弾圧は、日本が植民地とした台湾、朝鮮半島、南洋群島における日本語非母語話者にも及んだ。彼地ではさすが

に「標準語」と「方言」という形をとることはできなかったが、特に1930年代以降の総力戦体制に植民地が組み込まれていくなかで、彼らの母語の抹消という国語政策がとられたのである。植民地だけではない。中国大陸の占領地や「満州国」あるいは軍事占領を行なった東南アジア地域においても、日本語の指導が「国語教育本来の使命たる国民精神の涵養」を目的としてなされたのであった。

注
(1) 「浜荻」は、植物「葦」の異名である。「難波の葦は伊勢の浜荻」という連歌での一節から、俚言を集めた方言書の代名詞ともなった。
(2) 明治9年(1876)に出版された岡三慶『今昔較』には、「八々州に広く通ずる江戸詞故、今にては日本の普通詞となるを以て、六十余州の人の言語、次第／＼に江戸詞の一に帰するの勢いあり」と、「普通詞」という用語が見える(『明治文化全集』風俗篇「言語」による)。
(3) 明治5年(1872)、米国駐在中の政治家、森有礼は、イェール大学の言語学教授、W・D・ホイットニーにあてて書簡を送った。その内容は、日本語を廃止し英語を採用するという趣旨だったと伝えられているが、実は、いわゆる公用語として漢文の代りに英語を採用する、というもの(英語公用語論)であった。それも、学習の障害となる綴りや文法上の不規則を改めた簡易英語ということであった。これに対し、ホイットニーは日本語のローマ字化を勧めている。それは、言語の主体は口頭の方であって、それを改めることはできないが、文字は言語を書き表す道具にすぎないので、不便ならば改めてもよいということであった(武部良明「国語国字問題の由来」『岩波講座日本語3 国語国字問題』1977による)。

(4) ちなみに、イエスシ読本の「イエスシ」には、イとエ、スとシを混同する東北方言の矯正が意図されていたのである。
(5) ただし、実は戦前にも方言と標準語とのバイリンガリズムを提唱した人がいる。それは石黒魯平である(安田敏朗氏の御教示による)。石黒は『標準語の問題』(1933)において、次のように述べている。

> 「私は、方言と標準語(実はそれに最も近い方言)との二重言語生活を提唱する。之は bilingualism といって、この間の問題に於て、最も穏当と公認せられるものである。道徳上の連想をぬきにして、語源的に之を二枚舌主義といってもよい。(中略)之が標準語教育の正しい態度である。」

(2001.9)

6. 方言の盛衰　大阪ことば素描

1　はじめに

　大坂夏の陣で豊臣氏が滅んだ元和元年(1615)以降、大坂は徳川幕府の政策もあり日本経済の中心地として発展してきた。そして、4代将軍家綱以来の文治政策はこの地にいわゆる元禄町人文化を開花させた。

　西鶴・近松などによる元禄文学はまさにこの地に栄えたものである。西鶴を中心とする浮世草子類は大坂のことばで書かれている。近松の戯曲類も、世話物はもちろん、時代物さえも会話文の用語は大坂のことばである。ここでは、そのような文芸作品の用語としての、当時のいわば日本標準語であった大坂のことばの、その後の推移と現在の情況の一端を素描してみたい。

2　大阪ことばの変容

　大阪ことばの歴史的変遷の過程には、近世後期以降、大きな

エポックが二つあった。その一つは、幕末から明治にかけての時期である。もちろん、言語の変化ゆえにそれは移行的ではあるが、大きな波が幕末の天保期あたりにきていることが認められる。それは、江戸語の確立に伴って、当地のことばが従来のように全国から標準として指向される対象ではなくなったという事態である。歴史的な規範を背景としての伝統の重しがとれて、新しく、いわば自由奔放に変化をしはじめたのが、この時期である。

その様相を総体的に捉えたのが、金沢裕之『近代大阪語変遷の研究』(和泉書院、1998)である。大阪ことばは、中央語としての役割を東京語に譲った後も、多くの使用者を有する最大の地域語としての地位を守り続けてきている。また、マスメディアや一般の話題に上ることが少なくなく、それに関する書物なども多くの読者を得て各種のものが出版されている。そうした情況のなかで注目されることは、現代の関西弁三大キーワードとも言われる、断定の「ヤ」、否定の「ヘン」、敬語の「ハル」が、いずれもこの書が対象とする時期に生成・発展してきたものであるということである。この書によって、大阪ことばにおける根幹的な部分の構造や時代的変遷の様相はほぼ明らかにされたと言い得よう。

そして、もう一つの大きな波は、昭和の中期(1960年代)以降の特にテレビの影響による事態である。テレビを介して、テレビ言語の干渉によって、大阪ことばもまた全国の多くの地域語と同様に劇的に変容した。地域社会の友達よりもテレビのほうが最初の友達であって、まず耳にするのが共通語としての東京語コードである。そのような環境を抜けて幼稚園に入り、小

学校に入って、地域社会の友達と互いに交流する段階になってはじめて地域語を学習する。最近の関西での子供たちの言語行動を観察していると、幼いほど地域語が現れず、共通語的であるし、育てる母親も東京語コードで子供に接していることが多いようである。

さて、ここでの地域語なるものの実体が、若者らしさ、フォーマルスピーチに対するカジュアルスピーチ・ため口、あるいは書きことばに対する話しことばといったものと同じレベルのものになっているとすれば、その言語変種と標準語の違いはシステムの違いとしてではなく、スタイルの違いと認めるべきである。以下は、ある女子学生[補1]のかつてのコメント。

…話しことばというのは大阪弁で、書きことばというのは標準語であるという二極分化の意識が私にはある。大阪弁しか話せないわけではないのだけれども、少なくとも大阪弁で文章を書いたりはしない。友達同士の場合、たまにふざけて「そんなんできひんわ」などと書くこともあるが、大抵は標準語である。別に大阪弁話者でなくとも、どこの地方のどんな方言を話す人でも、たぶん自分の話していることばで文章を綴ったりはしないだろう。レポートでも論文でも、みんな「ちゃんとしたことば」で書けるように訓練されている。小学校の低学年ぐらいだと、けっこうしゃべっているとおりに書いたりもするものだが、仮に「言うて」と書く子供がいたとしても、それは「言って」と書くべきものだと直されてしまうだろう。極端な話、大阪弁について卒論を書くことはできても、大阪弁で卒論を書いたら「ふざけているのか」と言

われる。そういうもので、「二葉亭四迷が言文一致を確立しました」と教えられても、「それは東京だけだろ」と私などは思ってしまう。登場人物が大阪弁をしゃべったり、名古屋弁をしゃべったりする小説はあるが、地の文まで方言で書いてある小説というのにはまずお目にかからない[補2]。それに主人公たちが全員大阪弁をしゃべる少女小説や青春小説とかいうのも、たぶんないだろう。なぜこんなことを言い出すのかというと、私が自分でも小説を書くからで、大阪を一歩も出たことがないから大阪を舞台にするしかないにもかかわらず、登場人物が「アホちゃうか」なんて言ったら、学園物にならないというジレンマに陥っているからである。実際には大阪の女子高校生は「アホちゃうか」も「何言うてんねん」も「ほんま、腹立つで」も言っていて、なおかつ、ちゃんと青春しているんだけれど…。

ところで、最近、パソコンの変換精度の急速な向上によって、かな漢字変換がスムーズに行われるようになり、各地域の話しことばに対応する機種さえもが登場してきた。それぞれの地域の若者が自分の話していることばそのままに文章を綴ることが可能になったのである。ケータイ・メールをさかんに書いている人々を見るにつけ、上のコメントでの情況とは異なる様相が現出しつつあることを実感するところである。

3　データについて

現代においてもエネルギッシュに展開しているように見える

大阪ことばについて、その実態と動向の一端を、ここでは言語地図と年代差のグラフによって具体的に検討しよう。

地図のデータは、岸江信介・中井精一・鳥谷善史編『大阪府言語地図』(真田信治主宰・近畿方言研究会、2001)によるものである。これは、大阪府下の全域(161地点)を対象とした実地調査で得られたものである。調査期間は1990年～1993年。インフォーマントは各地点生え抜きの70歳以上の男女である。

グラフのデータは、真田信治・岸江信介編『大阪市方言の動向―大阪市方言の動態データ―』(大阪大学文学部社会言語学講座、1990)によるものである。これは、科学研究費補助金(一般研究B)による「幕末以降の大阪口語変遷の研究」(研究代表者：真田信治)の一環として、岸江信介さんが実施した調査による成果をまとめたものである。大阪市内の全区(24区)を対象としている。調査期間は1988年～1989年である。話者は原則として大阪市生え抜きの10～70代の男女、1,128名である。ただし、ここでは、現時点に対応させて、世代を、調査時とは一世代ずつ、ずらす形で図表を作成している。なお、項目によって一部の語形を割愛したものがある。

言語地図集、また図表集における項目の総体については原図集に当たられたい。ここではその中のごく一部の項目について分析することにする。なお真田(2001、2002)を参照のこと。

1)「あなた」(対称詞)

文政年間(1818-29)に草された『浪花聞書』(一名『浪花方言』とも)には、

> あんた　江戸で云あなたなり　あがめていふ言葉なり　我よ
> り目上の者をも通して己(コチ)のあんたなどゝいふ

とあり（前掲）、アンタは、大阪で当時から二人称の軽い敬称として用いられていたことがわかる。

　なお、オマエは、当時すでに同等以下の二人称を指すものになっていたとされる。このことは、図5と図6におけるアンタの外側にオマエが存在するという現在の分布模様からもうかがえるところである。そしてさらにその外側に中央部では卑称とされるワレが存在しており、敬意表現の階梯にかかわる移行、その運用情況が分布の上にも表れていることが注目されるのである。

2）「行かない」

　「行く」という動詞に関して、それを打ち消す「行かない」という表現に対応する現在の大阪での言い方である。この表現に対応する形式の系譜を文献で検証すると、かつての元禄期では「行カヌ」という形が代表的であった。「ヌ」が「ン」に変化した「行カン」という形は文化文政期あたりから多く現れてくる。一方、元禄期では、「行カヌ」をちょっと強調すると「行キワセヌ」という形になった。「行きはしない」ということである。この「行キワセヌ」はその後、「行キワセン」という形に変化する。そして、幕末あたりになると、この「行キワ」の「ワ」がしだいに「ヤ」の音に変わって、そしてさらに「セン」が「ヘン」という形に変わる。この「セ」が「ヘ」に変わるのは、サ行子音の弱化といわれる大阪方言の音声傾向の一つ

6. 方言の盛衰 大阪ことば素描 77

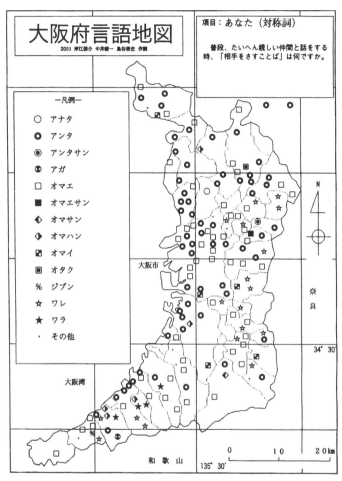

図5 「あなた(対称詞)」〈カジュアル〉

とされているものである。たとえば、「ナサル」が「ナハル」に、「ソシテ」が「ホシテ」に、また「しまショ」が「しま

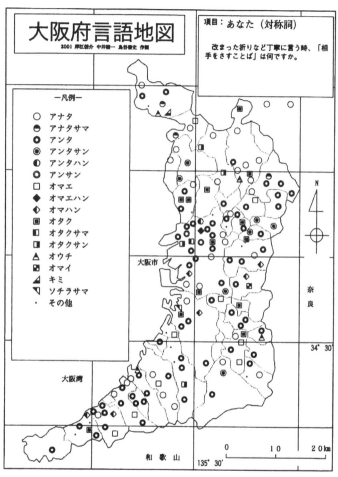

図6 「あなた(対称詞)」〈フォーマル〉

ヒョ」のようになる。この傾向の流れにおいて、「行キヤセン」から「行キヤヘン」という形が出てきたのである。そして、

「行キヤヘン」になると、本来の「行キワセン」に含まれていた強調のニュアンスが薄らいできた。「行キヤヘン」が強調表現ではなくなって、ニュートラルな、単なる「行かない」という中立的な打消のことばに変わってきたのである。そしてそのことと連動して、本来の「行カン」という言い方があまり使われなくなった。「行カン」という表現は、使われても、以前とは逆に強調する物言いになってしまったわけである。

　なお、このような変化は漸次に進行したので、地域によって、あるいは個人によってそのレジスターはかなり錯綜しているが、いずれにしても、「行キヤヘン」が「行カン」の領域を侵すことになったわけである。この「行キヤヘン」の「キヤ」がつづまって派生した形が「行キャヘン」である。さらに「行キャヘン」の「キャ」を直音化したものが「行カヘン」である。「行カヘン」が成立した結果、語構成意識が「行カ」+「ヘン」のように変化し、そこで「ヘン」が析出されるに至る。この過程では、「ヘン」が標準語の「ない」に対応するもののように意識されたことも考えられる。一方、「行キヤヘン」の段階で、実はもう一つの音韻的な変化が起こった。「行キヤヘン」の「ヤ」の部分が、後ろの「ヘ」の母音に影響されて「エ」になったのである。後ろの音節の母音が前の音節の母音に影響を与えることを逆行同化というが、この逆行同化の結果、「行キエヘン」という形が生まれたと推測される。「行キエヘン」の「キエ」がつづまって「ケ」となったものが「行ケヘン」の形であろう。この「行ケヘン」が昭和の初期には大阪ことばの代表としての地位を確立したわけである。

　図7によれば、府北部でイカヘン、府南部でイケヘンがそれ

ぞれ強いと言えるが、府南部の周辺域にもイカヘンが認められる。なお、河内地域には、北と南にイカヒンが分布し、中河内

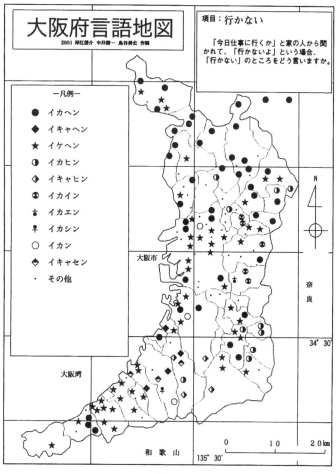

図7 「行かない」

のイカインを挟んでいるので、イカインはイカヒンから生じたものと見られる。

3)「行くことができない」

　京都や神戸では「行かない」はイカヘン、「行くことができない」はイケヘンがふつうなので、大阪中心部の「行かない」を意味するイケヘンとは対立する。イケヘンとの区別のために大阪では「行くことができない」はイカレヘンの形をとる必要があったわけである(図8)。なお、各地に点在しているヨーイカンなどのヨーの類は、心情的能力可能にかかわる形式である。

4)「行くことができなかった」

　「行くことができない」がイカレヘンならば、「行くことができなかった」はイカレヘナンダ、あるいはイカレヘンカッタとなるのがふつうであろう。事実そのような対応型分布となっている。ただし、図9での70代あたりにおける様相を見ると、かつてイケヘンカッタの形も広がったことがうかがわれるのである。なお、標準語形イカレナカッタに対応変換させたイカレンカッタの形が若い世代にしだいに増える傾向も指摘される。

5)「玉蜀黍(とうもろこし)」

　たとえば北陸では、ナンバン、ナンバといえば「唐辛子(とうがらし)」のことである。一方、関西ではナンバン、ナンバは「玉蜀黍(とうもろこし)」の名前になる。「唐辛子(とうがらし)」のナンバンは「南蛮胡椒」の省略形「南蛮」に由来し、

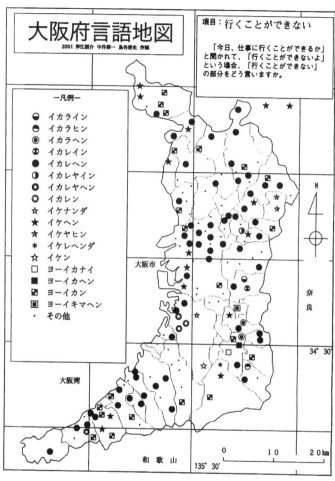

図8 「行くことができない」

「玉蜀黍(とうもろこし)」のナンバンは「南蛮黍」の省略形「南蛮」に由来する。

友達から「昨日学校に行くことができたのか」とたずねられて
「学校に行くことができなかった」と答える場合、
「行くことができなかった」のところをどのように言いますか。

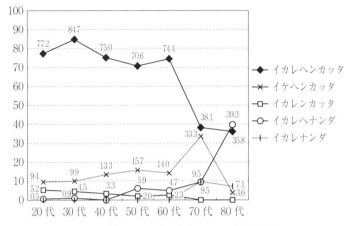

図9 「行くことができなかった」(大阪市)

　図10によれば、ナンバが圧倒的に分布しているが、古形を伝えるナンバン、ナンバキビも大阪市域とその周辺に集中して分布していることがわかる。なお、堺市あたりではトーモロコシの侵入が特に著しいようである。

　大阪市内でのナンバの使用情況を見ると、80代では80%以上を占めているが、50代では過半数を割り、20代では10%以下になってしまっている。そして、聞いたこともないという人が80%近くにもなるのである(図11)。ナンバの消滅も、いまや時間の問題のようである。

6)「青痣(あおあざ)」

　ここでの「青痣」とは、ぶつかったり殴られたりしたとき

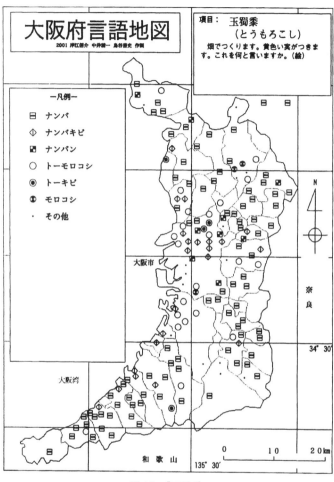

図10 「玉蜀黍」

の、いわゆる打ち身による内出血のことを指す。シヌ、シンダ、シニイル、ニエタ、アオジム、アオジミ、アオジ、アオタ

6. 方言の盛衰　大阪ことば素描　85

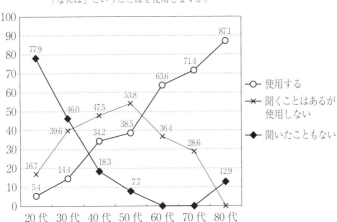

図11　「玉蜀黍」をナンバというか（大阪市）

ン、アザなど、さまざまな語形が錯綜して分布する。このような分布情況は、それぞれの語形がいわば集団語的なものとして各地で発生したことを示していよう。

　図12によれば、市内では全世代通じてアザが優勢で、60代をピークになだらかな山を描いている。老年層はアオジム類（アオジム・アオジミ・アオジ）を使うのに対して、若年層にはアオタンが拡大している。このアオタンは新方言のようである。50・60代あたりでアオジム類とアオタンが交差するのであるが、この年代では、一つの語形に安定せず揺れているがためにアザの使用率が高くなっているのだと考えられる。

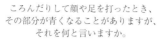

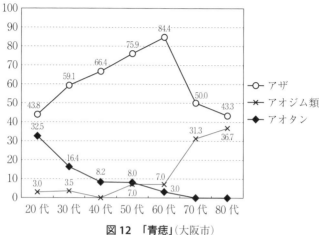

図12 「青痣」(大阪市)

4 おわりに

　いずれにしても、大阪で、なぜこのようなダイナミックな変化が続けざまに起こるのか。その背景には、やはり、標準についての問題がからんでいるように思う。つまり、この地でのこの地なりのことばの規範がはっきりしなくなったということである。規範がないから、自由に、だんだん楽な方へ、ことばとして合理的な方向へと簡略化しつつ、かつ多様化する。そのあたりが、ことばを研究する者の立場からすると、まさに醍醐味なのである。たとえば、東京の場合では、書きことばを背景とする標準日本語がすぐ後ろにひかえているので、省力化などから新しいものが芽生えても、誤用だ、ことばの乱れだ、などと

して抑えられるわけである。「ソウジャン」などというのは俗語ではないか、「チガクッテ」などというのは未熟な若者のことばではないか、といった形で抑制されるわけである。しかしながら、大阪で、「行きナハル」が「行きハル」となっても、それは子供のことばだぞ、などとはたぶん言われなかったのではないか。

　大阪での豊かな言語生活のエネルギー。それは、この地の人々の強いアイデンティティとともに実はそのような多様性こそが源泉であるという点に思いをいたすべきであろう。

参考文献
真田信治(2001)『方言は絶滅するのか　自分のことばを失った日本人』
　　PHP
真田信治(2002)『方言の日本地図　ことばの旅』講談社

(2005.12)

補注
(1) 水上(旧姓、勝村)聡子さんである。
(2) 地の文でも、一部に大阪弁を用いている小説がないわけではない。たとえば、西加奈子『こうふくみどりの』(小学館文庫、2008)など。

7. 標準への集中と逸脱

1 標準への集中(Convergence to Standard)

> 国語教育を中心とした学校教育は、語彙・文法面を中心に共通語化というローラーを日本全域にかけたが、音韻のかなりの部分、アクセントのほとんど全部がローラー化を免れた。しかし、今や学校教育ではなく、テレビという新しいマスメディアによって、その残された面にも、共通語化のローラーがかけ始められ、地域によってはかなり進んでいると言うことができよう。　　　　　　　　　（馬瀬 1981）

　テレビで用いられることばは、上方芸能や地域を舞台にしたドラマなどを除くと、その大部分は東京語を基盤とした、いわゆる全国共通語である。しかし、東京語にも様々な変化が進行している。そのうちの新しい形式は、俗語、スラングや流行語を除けば、将来標準日本語の資格を獲得するものが多いと予測される。そしてそのような形式はテレビに先取り的に採用される傾向があるのである。

よく取り上げられる事例に「熊」という語のアクセント形がある。「クマ」のアクセントは、従来、国語辞典類の記述では、〇●とマの高い形が標準の形として示されていた。しかしながら、お膝元の東京で、1950年代あたり以降生まれの人々の間から、●〇とクの高い形が多く聞かれるようになった。

そして、今日のテレビでは、●〇の形が普通に流されているのである。このような情況において、たとえば長野市などでは、子どもたちが、〇●は山にいる野生の熊で、●〇はぬいぐるみの熊のことだと区別して理解しているケースも存在するようである。

図13は、このクマ(熊)のアクセント形についての、北陸・富山市での1989年現在の情況である(徳川・真田・新田1991)。

話者は、O：老年層(1903～1929年生まれ)10名、M：中年

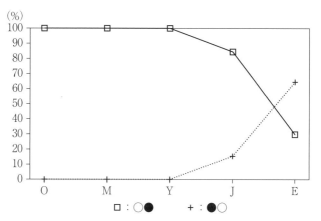

図13　富山市でのクマ〈熊〉のアクセント形の推移

層(1931～1948年生まれ)10名、Y：青年層(1951～1968年生まれ)10名、J：中学生(1975・76年生まれ)20名、E：小学生(1978・79年生まれ)20名の、計70名である。

　ところで、富山市の従来のアクセント形も東京での伝統形と同様○●である。実は、富山市アクセントでは、音声規則として、広母音のa、e、oで終わる2拍名詞は、本来、頭高型にはなりえないのである。富山市ではアクセントのシステムにおいて、クマについては●○の形を受入れない音的フィルターを持っているはずなのである。しかしながら、図13によると、確かに青年層までは○●しか現れてはいないが、中学生では15%くらいの比率で●○が現れており、小学生になると、●○の方が過半数を越えるに至っている。ここには、本来のアクセントのシステムを崩す新しい動きの存在をはっきりと認めることができるのである。これはテレビによる東京語の干渉によるものであろう。

　次に、固有名詞(地名・人名)アクセント形の交替の事例を検討したい。対象データは、やはり富山市調査で得られたものである。

　まず、図14は、「金沢」という地名のアクセント形の動態である。老年層ではカナザワを、すべての人が○●●○と発音しているが、中年層になると○●○○の形が現れてきて、青年層では○●○○が逆に100%になっている。○●○○は金沢市での地元アクセント形でもあるが、このような激変の直接の引き金はやはりテレビであろう。

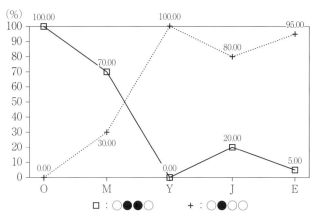

図14 カナザワ〈金沢〉のアクセント形の推移

　図15は、地名「名古屋」のアクセント形の動態である。老年層、中年層では○●○と発音されることが多いが、青年層になると●○○の形が現れ、小・中学生では●○○が圧倒的になっている。しかし、実はこの両形ともに本場名古屋でのアクセント形ではないのである。名古屋の人は本来は○○●と、語末を高くして発音するのが普通であった。したがって、ナゴヤを●○○という人は生粋の名古屋人ではないとも言えるのである。ただし、筆者の観察によれば、名古屋でも近年●○○と発音する人が加速度的に増えてきている。これらもテレビで東京式のアクセント形●○○が流されていることによる結果であろう。

　図16は、人名「佐藤」のアクセント形の動態である。老年層、中年層では、サトーは○●○と発音されているが、青年層

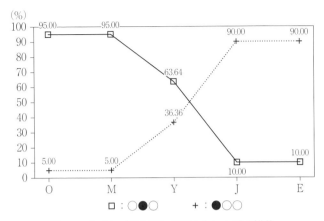

図 15 ナゴヤ〈名古屋〉のアクセント形の推移

になると●○○の形が現れ、小・中学生では●○○が圧倒的になっている。これもまたテレビでは東京式のアクセント形●○

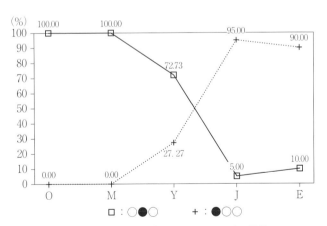

図 16 サトー〈佐藤〉のアクセント形の推移

○が流されていることによる結果であろう。人名、地名など、固有名詞の場合にテレビの影響は特に強いと言える。

　そして、図17は、「富山」という地名の地元でのアクセント形の動態である。トヤマのアクセント形は○●●と平板型に発音されるのが本来であるが、テレビからは東京式の●○○が流されている。中学生では、○●●と●○○とが張り合っているが、小学生では●○○が過半数を越えるに至っている。注目されるのは、中年層で○●○という中高の形が急増していることである。この○●○は、標準語形の●○○を方言に対応変換しようとする過程で出現した"誤れる回帰"による新形と認められる。なお、トヤマのアクセント形の交替は他の地名の場合と比べて保守的である。これは、トヤマがこの地域の生活の場で不断に使われていることばであるからだろう。テレビの影響は

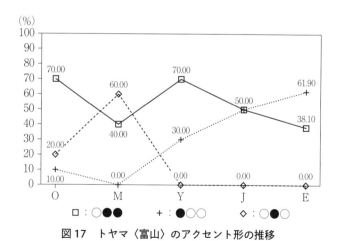

図17　トヤマ〈富山〉のアクセント形の推移

ここで若干ながら食い止められているわけである。

2 標準からの逸脱(Divergence from Standard)

ところで、最近の若年層においては、いわゆる伝統指向を背景として、地域社会で定着しつつある標準語を、もう一度方言へ引き戻そうとする傾向も顕著になってきている。しかし、それは一方に標準語を意識した上での回帰であるゆえに、そこでは興味深い現象がさまざまに生起している。

近年、大阪市方言において、2拍名詞の、いわゆる第5類に属する語の2拍目の拍内下降音調が衰退して、語単独では、第4類と同じ○●形で発音されるようになってきたことが杉藤美代子の調査で明らかにされている(杉藤 1982)。そして、さらに最近では、第4類に属する語が、文脈中において、助詞を伴う場合に、第5類と同様に○●▷形で発音される傾向が顕著に見受けられるのである(▷は助詞を示す)。

その傾向をわれわれの調査結果から具体的に示そう。図18は、1949年生まれ～1969年生まれの話者を対象として、それ

インフォーマントの生年	一九四九	一九五三	一九五六	一九五八	一九六一	一九六一	一九六二	一九六二	一九六二	一九六四	一九六八	一九六九
拍内下降(第5類)	●	●	●	×	×	●	×	●	×	×	×	×
○●▷ (第4類)	×	×	×	×	×	×	●	●	●	●	●	●

[凡例]　●現れる　　×現れない

図18　大阪市アクセントの動向

ぞれに、第5類での拍内下降と第4類での○●▷形が現れるかどうかを見たものである。拍内下降の消失する年代と第4類に○●▷形が現れる年代とには相関がありそうである。ただし、そこには直接的な関係はないものと筆者は考える[1]。では、第4類での○●▷形はいかにして出現したのであろうか。

ここで、大阪市若年層における2拍名詞の類別体系が全体的にどのような情況であるかを見ることにしたい。

図19は、大阪市生え抜きの10代の女性(21名)と男性(19名)の類別体系をパターン化した結果である(岸江1990)。まず、伝統的な京阪式アクセント型は、タイプBであるが、女性で10%、男性では泡沫に過ぎなくなっていることがわかる。この世代で過半数を越えているのは、タイプAである。特に男性で圧倒的になっている。ちなみに、このタイプAは、類別各々の実現形こそ違え、類別パターンは東京式そのものであ

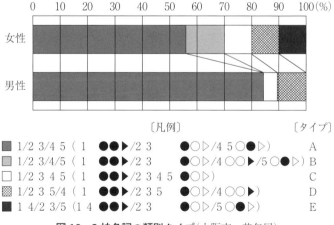

図19　2拍名詞の類別タイプ(大阪市・若年層)

る。なお、タイプＣは第4・5類が、タイプＤは第5類が東京と同じ●○▷形になったものである。

　このような言語交替が起こった要因としては、次のようなことが推測できるであろう。

　それは、やはりテレビの急速な普及、一般化ということである。1960年代以降に生まれた人々にとっては、生まれたときすでにテレビが身近に存在していた。テレビから流れてくるアクセントの多くは、言うまでもなく標準語(東京語)アクセントである。つまり、これらの世代は標準語アクセントに直接接触しつつ育ったのである。

　しかし、東京語化であれば、第4類は頭高●○▷のアクセント形になりそうなものなのに、テレビでの形とは違う、新しい○●▷といったアクセント形が出現していることが注目されるのである。

　筆者は、これこそが、侵入しつつある標準語を再度方言に引き戻そうとする過程で、標準語形(●○▷)に対応変換(：○●▷)させて生成されたネオ(回帰)方言形であり、その代表的事例となるものと考えている。

　いずれにしても、第5類と第4類が○●▷形で統合するという、歴史上きわめて重大な変化が今起こりつつあるわけである。

　以上、標準語の干渉を受けつつも、新しい逸脱形が生まれつつある情況の一端を具体例で示した。

注
(1) この点は、真田信治『地域言語の社会言語学的研究』(和泉書院、1990)で触れた。

参考文献

岸江信介(1990)「大阪市若年層における2拍名詞アクセント」『方言音調の諸相―西日本―(1)』重点領域研究「日本語音声」研究成果報告書

杉藤美代子(1982)『日本語アクセントの研究』明治書院

徳川宗賢・真田信治・新田哲夫編(1991)『富山市におけるアクセントの動態(資料)』重点領域研究「日本語音声」研究成果報告書

馬瀬良雄(1981)「言語形成に及ぼすテレビおよび都市の言語の影響」『国語学』125

(1997.7)

8. 階層性から一律化へ、そして標準的に

五箇山親族呼称の 60 年

1 はじめに

ここでは、富山県五箇山方言における親族呼称の歴史的推移を、時点を、1930 年代、1960 年代、そして 1990 年代に定めて、具体的に記述する。そして、その言語交替 (language shift) が、「階層性」から「一律化」、「標準化」といった当該地域社会の人々の時代的な社会意識の変化のプロセスと深くかかわっていることを明らかにする。

2 五箇山方言の親族語彙

五箇山郷の伝統的方言での親族語彙のシステムについては、真田 (1978) において詳しく記述した。そこでは、この方言における親族語彙が、個人を中心としてではなく、個人の所属する"家"を中心として系統化されていることを指摘した。すなわち、親族語の多くのものが、「私の"家"の〜」「彼の"家"の〜」という文脈での「〜」に代入できるということである。

親族語は、単に個人と個人との親族的な関係の表示だけではなく、個々人の属する"家"の中での、その個人の位置(status)を考慮に入れた上での関係を表示するのである[1]。

表3は、五箇山郷のある一集落での各家の戸主と主婦が、戦前において、地域社会内部でどのように言及されていたかを調べた結果である(渡辺・真田・杉戸1986)。なお、表での"等差"とは、それぞれの家の伝統的権威によってささえられる社会的地位(social status)のことで、当地における用語である。1が最高で、6までの6ランクになっている[2]。

表3 社会階層と親族名称の対応

等差	家	戸主	主婦
1	A	ダンナサン	オクサン
	B	オトト	オカカ
	C	オヤジ	カーカ
	D	トッツァ	カーカ
2	E	トッツァ	カーカ
	F	トッツァ	カーカ
	G	トッツァ	カーカ
3	H	トッツァ	カーカ
	I	オトーサン	カーカ
4	J	トート	ババ
	K	トート	カーカ
	L	トト	カーカ
5	M	トッツァ	カーカ
	N	トト	カーカ
	O	トト	カーカ
	P	トト	ンバ
6	Q	トッツァ	カーカ

A家の戸主と主婦が「ダンナサン」と「オクサン」なのは、彼らが、村に一人しかいなかった医者であり、その妻であったからである。どちらの形式も最も敬意度の高いものである。MとQは、Fと同じく、Bにつながる分家である。どちらも当主が亡くなって母子世帯になったため、かつての等差が下がったのである。「トッツァ」「カーカ」はFと同じである。このMとQを除けば、他の家の戸主の名称は等差のランクとほぼ対応している。

　等差が地域社会内部における各家の社会的階層を代表し、その階層性に対応する親族名称が使い分けられていたのである。

　一方、主婦はA家の「オクサン」、B家の「オカカ」を除いては、「カーカ」が多く、等差、すなわち社会的階層との間に使い分けの対応関係があまりないようである。「オカカ」は「オトト」と対応するもので、敬意度が高い。

　ところで、この記述は、当該地域言語の使用者としての特定個人の内省報告によって成されたものである。この記述を検証するために、このたび(1995年7月～96年12月)、多くのインフォーマントに接触し、それぞれの親族呼称と親族名称を調査したわけである。

3　1935年時点における実態

　表4は、当地域に存在する上平村立西赤尾尋常高等小学校に1935(昭和10)年度に在籍していた生徒(31名)を追跡して、彼らが、当時において、自分の「父」「母」「祖父」「祖母」をどのように呼び、言及していたかを調べた結果である。

表4　1935年の親族呼称（13、14歳時）

	性	父	母	祖父	祖母
1	男	オトト	オカカ	オジジ	オババ
2	男	オトト	オカカ	オジジ	オババ
3	女	オトト	オカカ		
4	女	オトト	オカカ		
5	男	オトト	オッカ		
6	男	オトト	オッカ	ジージ	
7	男	オトト	カーカ	ジージ	バーバ
8	男	オトト	カーカ		バーバ
9	女	トッツァ	カーカ		
10	男	トッツァ	カーカ		
11	男	トッツァ	カーカ		
12	女	トッツァ	ジャー		
13	女	トッツァ	ジャー		
14	男	トッツァ	ジャー		
15	女	トッツァ	ジャー		
16	女	トッツァ			
17	女		ジャー		
18	男	トート	カーカ	ジージ	バーバ
19	女	トート	カーカ	ジージ	バーバ
20	女	トート	カーカ	ジージ	バーバ
21	男	トート	カーカ	ジージ	
22	男	トート	カーカ	ジージ	
23	女	トート	カーカ	ジージ	
24	男	トート	カーカ	ジー	
25	女	トート	カーカ		
26	男	トート	カーカ		
27	男	トート	カーカ		
28	女	トート	カーカ		
29	女	トート	カーカ		
30	男	トー	カー	ジー	バー
31	女	トト	ンバ		

表4では敬意度の高い形式の順に並べてある。

まず、「父」に関しては、オトト／トッツァ／トート／トー／トトの5段階がある。「母」に関しては、オカカ／オッカ／(ジャー)／カーカ／カー／ンバの6段階がある。ただし、ジャーとカーカの段階付けについてはよくわからない。ジャーはトッツァに対応しているが、しかしトッツァにはカーカも対応している。

大局としては、オトトにはオカカが、トートにはカーカが、トーにはカーが、そして、トトにはンバがそれぞれ対応していると言えよう。なお、トッツァの場合、そのいずれもが「祖父」「祖母」の存在しない家であることに注意したい。インフォーマントによれば、トッツァとジャーで把握される対象はいずれも比較的年齢が高い人物とのことである。

「祖父」に関しては、オジジ／ジージ／ジー、また「祖母」に関しては、オババ／バーバ／バーの3段階があるが、「父」「母」と比べると段階数が少ないことが指摘される。

ところで、「祖父」と「祖母」については、その対象が存在しない場合が目立っているが、それはもともと「祖父」「祖母」がいなかったことによる結果である。今回の被調査者については、自分の家は親の世代に分家によって生まれた、と答える人が多かった。その時期は1910年代、第一次世界大戦前後の頃と推測される。これはおそらくは徴兵を回避するための方策であったのであろう(戸主には徴用が免除されたからである)。

なお、以上の形式については、呼称と名称とで区別されず、また内と外との区別もされず、地域社会の全員によってその運用がなされていたのである。

4　1965年時点における実態

　表5は、上平村立上平中学校に1965(昭和40)年度に在籍していた生徒(21名)を追跡して、彼らが、当時において、自分の「父」「母」「祖父」「祖母」をどのように呼び、言及していたかを調べた結果である。

　上の1935年の時点とはその間に第二次世界大戦を挟んでいるが、ここに大きな変容を見て取ることができる。それは、家の等差に対応した形式のバラエティがまったく消失し、一つの形式に統合して、一律化されたことである。

　インフォーマントによれば、この変革は、いわゆる戦後民主主義の思潮のもとで意識的に行われたと言う。

　表5によってそのことを確認していただきたい。一人の被調査者を除いては全員が、「父」「母」「祖父」「祖母」を、それぞれトーチャン、カーチャン、ジーチャン、バーチャンと呼んでいる。古い表現のトー、カー、ジー、バーを使用する〈21〉は、表4での〈30〉と同じ家の人物である。

　なお、これら形式についても、呼称と名称との区別はなされず、対象が家族だけではなく、地域社会の全員によってこのように呼ばれ、言及されていたのである。

　ところで、新表現の〜チャンの構成を持つ形式の出自であるが、これは当該山間部に経済的、文化的な影響をたえず与えている砺波平野部の方言からの直接的な借用によったものと考えられる(真田1991)。

表5　1965年の親族呼称（13歳時）

	性	父	母	祖父	祖母
1	男	●	●	●	●
2	女	/	●	/	/
3	男	●	●	●	●
4	男	●	●	/	/
5	男	/	●	/	●
6	男	●	●	●	●
7	女	●	●	/	●
8	女	●	●	●	●
9	男	●	●	●	●
10	女	●	●	/	/
11	男	●	●	●	●
12	女	●	●	/	●
13	男	●	●	●	●
14	女	●	●	●	●
15	女	●	●	/	/
16	女	/	●	●	●
17	男	●	●	●	●
18	男	/	●	●	●
19	男	●	●	/	●
20	女	●	●	●	●
21	男	トー	カー	ジー	バー

●　トーチャン、カーチャン、ジーチャン、バーチャン

5　1995年時点における実態

　表6は、上平中学校に1995(平成7)年度に在籍していた生徒(30名)を対象にして、彼らが自分の「父」「母」「祖父」「祖母」を、地域社会でどのように呼び、言及しているかを集合調査法[3]で調べた結果である。

　調査では次のように質問した。

それぞれの対象(「父」「母」「祖父」「祖母」)について、
① 　家で「〜」にむかって直接呼びかける時、「〜」を何と呼ぶか。
② 　友達に「〜」のことを言う時、「〜」を何と言うか(うちの〜が)。
③ 　先生に「〜」のことを言う時、「〜」を何と言うか(うちの〜が)。

　表では結果を男女別に配列して、呼称(①)と名称(②)をそれぞれに掲げてある。現代になって呼称と名称が分離してきたからである。

　指摘される点は、かつての新表現トーチャン、カーチャン、ジーチャン、バーチャンが衰退し、その上に、オトーサン、オカーサン、オジーチャン、オバーチャンがかぶさってきているということである。これはまさに標準語体系への流れである。

　ただし、この交替は、「父」「母」と比べ、「祖父」「祖母」においては比較的遅延しているようである。その原因の一つは、おそらく標準形式が旧形式のバーチャン、ジーチャンと同じ

表6　1995年の親族呼称（13、14、15歳時）

	性	父／名称	母／名称	祖父／名称	祖母／名称
1	男	オトーサン／オトーサン	オカーサン／オカーサン	オジーチャン／オジーチャン	オバーチャン／オバーチャン
2	男	オトーサン／●	オカーサン／●		
3	男		オカーサン／オカーサン	●／●	●／●
4	男	オトーサン／●	オカーサン／●	●／●	●／●
5	男	オトーサン／オトーサン	オカン／オカン	●／●	●／●
6	男	オトーサン／オトーサン	オカーサン／オカーサン	オジーチャン／●	オバーチャン／●
7	男	オトーサン／●	オカーサン／●	オジーチャン／●	オバーチャン／●
8	男	オトーサン／●	オカーサン／オカーサン	オジーチャン／●	●／ババー
9	男	オトーサン／●	オカーサン／オカーサン	●／ジーサン	●／バーサン
10	男	トーサン／●	カーサン／オカーサン	●／●	●／●
11	男	オトーサン／●	オカーサン／オカーサン	●／●	●／●
12	女	オトーサン／オトーサン	オカーサン／オカーサン	●／●	●／●
13	女		オカーサン／オカーサン	オジーチャン／●	オバーチャン／●
14	女	オトー／オトー	●／オカーサン		バー／バー
15	女	オトーサン／オトーサン	オカーサン／オカーサン	オジーチャン／オジーチャン	オバーチャン／オバーチャン
16	女	オトーサン／オトーサン	オカーサン／オカーサン	オジーチャン／オジーチャン	オバーチャン／オバーチャン
17	女	オトーサン／●	オカーサン／●	オジーチャン／●	オバーチャン／●
18	女	オトーサン／オトーサン	オカーサン／オカーサン	●／●	●／●
19	女	オトーサン／●	オカーサン／オカーサン	●／●	●／●
20	女	トーサン／オトーサン	オカーサン／オカーサン	●／オジーチャン	●／オバーチャン
21	女	オトーサン／オトーサン	オカーサン／オカーサン	オジーチャン／オジーチャン	オバーチャン／オバーチャン
22	女	オトーサン／オトーサン	オカーサン／オカーサン	オジーチャン／オジーチャン	オバーチャン／オバーチャン
23	女	オトーサン／オトーサン	オカーサン／オカーサン	●／●	●／●
24	女	オトーサン／オトーサン	オカーサン／オカーサン	●／●	バータン／●
25	女	オトーサン／オトーサン	オカーサン／オカーサン	●／●	●／●
26	女	オトーサン／オトーサン	オカーサン／オカーサン	●／●	●／●
27	女	オトーサン／オトーサン	オカーサン／オカーサン	●／●	●／●
28	女	オトーサン／オトーサン	オカーサン／オカーサン	オジーチャン／●	オバーチャン／●
29	女	オトーサン／オトーサン	オカーサン／オカーサン	オジーチャン／オジーチャン	
30	女	オトーサン／オトーサン	オカーサン／オカーサン	●／●	●／●

● トーチャン、カーチャン、ジーチャン、バーチャン

〜チャンの構成を持っていることによっていよう。

「父」と「母」に関しては、すでにオトーサン、オカーサンが圧倒的になっている。「父」については、呼称でトーサンが2名、オトーが1名いる。「母」については、呼称で、オカタンが1名、カーサンが2名、そして、オカンが1名いる。呼称においては、その運用はすでに個人を中心としたものに変化しているようである。

興味深いのは、名称においてのみ旧形式のトーチャン、カーチャンを使う者が何人か存在することである。ただし、ここで名称とするものは、「友達に、うちの〜が」という文脈における表現なので(家の中での場合などを推測すると)必ずしもそのすべてではないと思われるが、言及(refer)において地域社会の旧形式が残存するという実態に注目したいのである。

なお、③の「先生」に対する場面においては、全員が、オトーサン、オカーサンで、チチ、ハハと回答した生徒は皆無であった。当地のこの世代ではまだ内と外との弁別が習得されてはいないという点を付け加えておきたい。

注
(1) ここでの親族語は「親族名称」というより「家族内地位名称」ともいうべきものである。
(2) 「等差」は現在ではまったく機能していない。
(3) 「集合調査法」とは、インフォーマントに同じ場所に集まってもらい、具体的な指示を出しながら、質問に対する回答を記入してもらう方式である。

参考文献

真田信治(1978)「北陸の親族語彙」『日本方言の語彙』三省堂
渡辺友左・真田信治・杉戸清樹(1986)「越中五箇山山村の社会変化と敬語行動の標準」『社会変化と敬語行動の標準』秀英出版
真田信治(1991)「社会言語学から見た言語変化」『日本語学』10-4

(1997.3)

9. 日本学のゆくえ

1 世界における「日本の社会言語学」

　まず、いま筆者にとっての関心事である社会言語学のことから話をはじめることをお許し願いたい。

　社会言語学は、社会の中で生きる人間、ないしその集団とのかかわりにおいて各言語現象あるいは言語運用を問題とする。それゆえに、それらの事象を生起させる文化・社会のしくみや人々の生活行動パターンの違いによって問題の捉え方も異なってくる。そして、それが結果として異なる学問の伝統を生むことになる。

　日本での本格的な社会言語学的研究は、周知のように、地域社会の「言語生活」というパラダイムのもとに始まった。それは1950年代に入ってからのことである。「言語生活」という概念は日本独自のものである。その証拠に欧米語には「言語生活」に当たる用語が見当たらない。なお、ソビエトでは、この用語が、языковое существованиеという訳語で1964年に紹介されている(Неверов С.В. "Языковое существование" и методы егоиэучения. —"Народы Аэии и Африки". М., 1964, *No.* 6, c. 107-114)。

　これは、わが国の言語学としてはきわめて異例なことに属する。明治の開国以来、日本人が自らの判断で日本語独自の問題をとらえ、自ら開発した方法で探求するということはほとんどなかったからである。とはいうものの、日本の社会言語学における方法論や課題は、海外の学会にとってはいまだ未知の部分の多い存在と映っているようである。筆者は、西ドイツのNorbert Dittmar氏らの編集になる *Sociolinguistics: An International Handbook of the Science of Language and Society* (Vol. 2)への寄稿を依頼されて、日本における社会言語学の歴史とトピックについての要説を草したが、前もってもらったその書の章(VII. PROBLEM AREAS)の目次によれば、本来、「日本」は対象となってはいなかったようである(表7参照)。ただし、筆者への依頼時点ではJapanはArticle Number 162-bとなっていた。したがって、「日本」はある段階で急遽加えられたものであることが知られるのである。

　さて、日本での研究が欧米人に未知の部分の多い存在と映る背景にはまず何よりも第一にことばそのものへの無理解があるのだろうと思う。日本語で書かれた論文を読破できる研究者は斯界にはまだきわめて少ないからである。また、井出祥子氏は、「日本のアプローチのものは、世界の学会にむけて英語で書かれていても、海外で問題とされる理論的課題との関わりで論じられていないため、世界的に貢献するものにはなりにくい。」(「社会言語学の理論と方法—日本と欧米のアプローチについて」『言語研究』93、1988・3)と述べる。しかし、この点に

表7 PROBLEM AREAS の目次

VII.	PROBLEM AREAS
	141. Arabic language regions
	142. Australia
	143. Belgium
	144. Berlin
	145. China
	146. India
	147. Italy
	148. Yugoslavia
	149. Canada
	150. The Carribean
	151. Catalonia
	152. Luxembourg
	153. Mexico
	154. East Africa
	155. Papua-New Guinea
	156. Peru
	157. Switzerland
	158. Singapore
	159. The Soviet Union
	160. South Africa
	161. USA (South-West)
	162. West-Africa
VIII.	HISTORICAL SOCIOLINGUISTICS
	163. The relationship between social and linguistic change

ついては研究の内容にかかわることであって、何も日本側の責任ではないはずである。日本で問題とされる理論的課題は、あくまで当該日本における言語事象を対象として、そのなかから導き出されるものであって、欧米人の視点で構築された理論的枠組みのみで日本の事象を論じる必然性はそこにはないだろう。このことは先年イギリスの Peter Trudgill 氏と会った折に

も話題としたことである。

　言語大国の人は自国語が世界に通用することで、自分の考え方が世界のすべての地域に通用するような錯覚を持ったかもしれない。周縁の国での学問なんかまじめに取り上げるには及ばない、と思うことは自由だが、それは、それぞれの民族文化を無視するのに等しいことである。結果として、小さな国の人の心の機微がわからないままになるのである。

2　山田孝雄と「国学」

　唐突ではあるが、ここで戦前のいわゆる「国学」のことに若干触れておきたい。山田孝雄『国学の本義』(1942)によれば、「国学」とは「古語の研究を基礎として、古義を明かにして、依つて以て神皇の大道を明かにせうとするものである。」とする。したがって、それは筆者などの到底与することのできないものであり、現今の「日本学」とは似ても似つかぬ内容のものではあるが、その『国学の本義』のなかに、次のような表現がある。

　学問の対象は客観的存在であるけれど、学問そのものは必らず人間の思想の所産である。それ故に英国に生じた学問は英人の思想の反映であり、仏国に生じた学問は仏人の思想の反映であり、独逸国に生じた学問は独逸人の思想の反映であるといふやうに学問そのものゝ一面は必らず研究者の思想の反映である。さうして民族が多少なりとも、思想の傾向が違ふとすれば、その学問そのものゝ上にもその研究法の上にも多

少の傾向の差の生ずるのは止むを得ぬことでもあり、又当然のことでもあらう。かくして考へて見るに、あらゆる学問はそれが日本人によつて真摯に研究せられる時に日本的特色を帯びるに至るであらうことは疑ひが無い。しかし、それには日本人の長短共にあらはれるであらうから、それが完全無欠だといふことは出来ぬであらうが、さればと云つて、日本的なものすべてをすて、西洋のまねをしてゐたのではいつまで経つても日本の学問だといふことは出来ぬであらう。

「国学」では、日本民族、国体といったものをことさらに強調する点など、やや偏狭なところは否定できないが、たとえばここでの「日本人」を日本語を使う人一般と理解した上において言えば、このような気概は今日に生かしたいものとさえ思うのである。

3 「日本学」専攻課程の設置

中国、韓国各3名、台湾、タイ、フランス各2名、アメリカ、オーストラリア、ニュージーランド各1名。ここにあげたのは、大阪大学大学院の「日本学」専攻課程の社会言語学講座で筆者がこの数年間に指導した外国人留学生の国籍別の数である。

「日本学」Japanese studies という大学院の専攻課程が阪大に設置されたのは、1975年4月のことである。もともとは、文化史、思想史、宗教学、民俗学、人文地理学、そして言語学など、総合的、学際的な立場から日本についての研究、教育を

行う機関として構想されたものである。国立大学で、国文学、国語学、国史学以外に日本を主たる研究対象としたこのような専攻課程が設けられたのはこの阪大の「日本学」がはじめてであった。

　日本の大学は、基本的に西欧先進諸国の科学、文化を摂取するという課題の下に構成されてきたことに鑑みて、これは画期的ともいいうる意義を持つものであったと言えよう。なお、当初は、日本文化学、比較文化学、および日本語についての社会言語学の3講座からなっていたが、1986年4月、学部での日本学科の新設に連動して、新たに、文化交流史、現代日本語学、日本語教育学の3講座が加わって全体で6講座に拡充した（表8参照）。

表8　「日本学」専攻の組織[補1]

　この「日本学」では、日本人とともに外国人の大学院生を研究室における当然の存在として導き入れてきた。なお、上に掲げた数字は、「日本学」のなかでの、筆者のかかわっている社会言語学講座に在籍していた者だけの数にすぎない。彼ら留学生と、日々に日本の社会と言語をめぐって話す。この国の国家や国民の意識における古くからの中央志向の強さについて、ま

た、明治以来のこの国の文教政策のこと、など。そして、方言と標準語との二重言語使用の動態をめぐっての、日本人学生の間に外国人学生を交えてのフィールドワークや、そのデータ分析をめぐっての討論は、筆者自身の大きな糧となっている。たとえば、博士課程の任榮哲君は在日韓国人の言語生活の調査研究の結果を基礎に調査票を作成してアメリカに出かけ、在米韓国人数百人を対象に調査を実施し、先日そのデータをたずさえて帰った。修士課程のDaniel Long君は関西地方における中央語意識と方言意識の問題を多面的に調査研究している。

　彼らはいずれ各地へ散らばっていく。日本の社会言語学が世界的に普及する日もそう遠くはないのである。将来、日本語を話し、日本語を研究する外国人の側から、日本語に基づいた、かつ世界に貢献する一般理論が打ち出されてくることを信じて疑わない。彼らを側面からできうる限り応援したい。そして、一方で、外国のことばや研究方法を謙虚に学びつつ、彼らの視点で構築された理論を吸収する努力を続けていきたいものと思う。

（1988.9）

補注
(1) その後、1995年に大阪大学文学研究科は大講座制へと移行し、従来の日本文化学と文化交流史は「日本学」大講座に、比較文化学は「人文地理学」大講座に、そして社会言語学、現代日本語学、日本語教育学(改め応用日本語学)の3講座は、まとめて「日本語学」大講座に、それぞれ分離統合することとなった。

10. "山田孝雄"のこと

　本章は、大阪大学放送講座の「日本研究の先達」シリーズ（KBS 京都ラジオ）において、「山田孝雄・近代的日本文法理論の構築者」と題して話した内容を文字化したものである。

　——昨今、様々な場面で国際化ということが言われています。そのことは世界について学び知ることはもちろん、私たちの日本についても振り返って検討し、より理解を深めるべきことも意味します。そこで、これから日本研究の先達といわれる人々のお話をうかがって、私たちの日本について、どのように認識すべきかを考えてみたいと思います。さて、今日はその第2回目[1]、私たちの日本認識のためにお話しいただく先達といいますとどういう人でしょうか。

　私たちが普段何気なく使っていることばには、文法という文を作るときの法則がありますね。ところで、明治時代の文法研究といいますと、伝統的な西洋文法の輸入、その西洋の文法研究の直接的な適用に過ぎなかったわけですけれども、今日お話し

します山田孝雄は、ことばの本質についての研究を進め、日本語に即した日本独自の近代的な文法理論を構築した国語学者です。それと山田孝雄については、国語学者というだけではなくて、国家の学としての国学者であって、日本の近代史のなかで彼が果たしてきた役割、特に戦前戦中を通じて、いわゆる国粋主義を鼓吹したという、そういう思想的な位置についてもお話ししてみたいと思います。また、彼は大学を出ずして大学の教授になったということもありまして、近代日本の激動の中で生きた非常に興味深い人物だと思います。

　——日本の近代史を知る上で忘れてはならない人ということになるんですね。国際化時代をむかえまして、私たちの日本について今一度考えてみることは本当に大切だと思います。前回は徳川宗賢先生に、日本語研究の先達の一人、上田万年についてお話しいただきました。今日は真田信治先生にお話をおうかがいします。先生、まず、山田孝雄という人物とその時代についてお話しいただけますでしょうか。

明治時代、伝統的な西洋文法の輸入とそれの日本語への直接的な適用に過ぎなかった時代に、日本語の事実から出発し、ことばの本質についての根源的な思索を展開して、精緻な体系にまで完成させた、この山田孝雄の文法は山田文法とも言われていますけれども、近代的な日本文法学の輝かしい成立を告げる位置にあるものですね。

　——明治時代と言いますと、制度もそうですし文化も文物

も、あらゆる所で西洋化が進んだ時代ですよね。学問の分野でもそういうふうに西洋化が進んでいったわけなんですね。

　そうですね。明治という時代は、西洋の制度と文化、今おっしゃったように文物の移植の時代、まさに欧化の時代であったわけです。これは、学問研究の世界でもまた然りで、今日私たちが学問という名で思い浮べる、いわゆる個別科学ですね、そのすべてが明治において成立したと言っても過言ではないと思います。例えば、漢方は西洋医学になりましたし、いわゆる和算は数学になりまして、学問という形式を整えるために欧化の波を、すべての学問分野が受けたということですね。探究すべき明確な対象と語ることばを持つために、そういう必要性もあったわけですけれども。前回も出たと思うんですが、上田万年ですね、今から約100年前に東京帝国大学に博言学科、これは今日でいう言語学科ですけれども、この博言学科が出来たとき最初の講師が英国人のチャンブレンであったということも、やはりそういう西洋化、欧化の時代だったということを象徴する事実だと思います。

　――もちろん山田孝雄も、そういう西洋化の波をまともに受けた一人と言ってもいいんでしょうね。

　そうですね、山田が生まれたのは明治8年なんですけれど、まさにそういう欧化の時代に生を受けた人であるわけですね。しかし、山田孝雄が長ずるにつれて、時代は急激にいわゆる欧化からその反省、そして反動へと展開し推移していったわけで

す。山田が最初の文法書である『日本文法論』(上巻)を出したのが明治35年ですけれども、この時代はまさに日清戦争の勝利を背景にして、国家意識が高揚した時期です。そういう流れの中で山田自身の考え方を見ていきたいわけですが、山田は、国粋化の時代の中で成長した学者と総括できると思います。時代が彼の思想形成にもかかわりを持っているということですね。

　——それでは、時代と共に生きた山田孝雄の生涯についてご紹介いただきたいんですが。

　明治8年の生まれなんですが、富山市の今は繁華街になっております総曲輪というところの生まれですね。父親は旧富山藩士だったようで、明治維新後、平田鉄胤の国学の塾で学んで、後に神職になった方のようです。

　——平田篤胤という人とは違うんですか。

　平田鉄胤というのは平田篤胤の養子にあたる人ですね。

　——ああそうなんですか。

　そしてお父さんは富山県内あるいは新潟県内で禰宜として奉職なさったようですね。そういうお父さんの国学的な考えというのがやはり山田に影響を与えていると思います。それで山田は明治21年に富山尋常中学校を1年で中退するわけです。こ

れは 13 歳だと思うんですけれど、後から山田が語るところによりますと、お父さんが学校に勤めていて、何か事件があって、本当は責任を負うべき立場ではなかったけれども、辞めざるをえないということになってお辞めになり、それで息子としても在学することを潔しとせず、自分も辞めたようですね。それからは全く独立独歩の不屈の気概を持って独自の道を切り開いていき、後に多くの独学力行の人の励ましになったわけです。明治 24 年に独学で小学校の見習教員の資格をとります。そして翌年から富山県内の小学校で授業をするわけですが、非常に真面目な先生で、例えば、むこうは北陸ですから、冬、雪が降りますけれども、必ず一番早く起きて、生徒の先頭に立ってラッセルをして学校に通った、という逸話が当地で語り伝えられています。

　——明治 24 年といいますと、16 歳。

　はい、それで 18 歳でないと駄目ということで、このときに生年を明治 6 年ということに変えたようですね。ちょっと今日では不思議なような、もちろんそれは後で訂正してはいますけれども、そういうことをする必要があったということですね。それで、明治 28 年には尋常中学校と尋常師範学校国語科の教員の免許をとります。そして翌年の明治 29 年に、丹波篠山の鳳鳴義塾というところの教師として赴任します。

　——明治 28 年ですから 20 歳の時ですね。それも独学で資格をとるというのですから大変なことですね。

今日では考えられないようなことですね。

——それでその篠山のほうはどうだったんですか。

篠山には3年間いたんですけれど、篠山での20歳から23歳の間に、山田の将来の学的営みを刺激するような重要なインパクトがあった。それは有名な話で、それは山田自身が後に本格的に日本の文法研究に没入するようになった最大の動機なわけですけれども、そのところを概略紹介してみたいと思います。

「明治30年ごろと覚えていますが、第2学年の教室で例のごとく教科書について説明をしておりましたが、ある生徒から、「は」という助詞は主格を示すということは誤っているのではないか。自分らが「は」というのは主格に限っていないと思う、という質問がありました。これはもっともなことであって、実は教科書のほうが誤っていたのでした。私は十分にこのことを調べず、実は教科書の受け売りをしていたに過ぎないのでした。そこでよく考えれば考えるほど、教科書が誤りで、その生徒の考えが正しいということになってくるではありませんか。そこで私は即答を避けて、次の週に答えるということにしましたが、どう考えても誤りは正しいことにはならないのです。そこで私は教室で、明らかにそれが誤りであって、その生徒の質問が正しいと認めなければならないことをはっきりと言いました。これが私の半生を支配するに至った重大な起因なのです。その当時、私は悲憤のあまり日夜何事も手につかず、あのお堀の辺りを一人さまよい歩い

て、我が国語の将来と我が国語学の前途について深い感慨に沈みました。そして、ある時ふと心の内に起りました一念は、これは人に待っているから駄目なのである。自分自らこれを研究して国語の真相を世に明らかにするより他に方法がないのであろう、ということでありました。」

——それで、いよいよ山田孝雄の研究というのは、「は」をめぐってまず始まったわけですね。

　助詞の「は」の正体を問うというところから思索を開始したわけです。具体的な文例を出しますと、「鳥は飛ぶ」という場合は主語に付く例でいいんですけれど、「その本は読んだ」とか「彼とは話さない」という場合、これは主語につくわけじゃないので、「私がその本は読んだ」というわけですからこれは補語に付く例であって、必ずしも「は」は主語につくわけではない。あるいは、「夕べは夢を見た」という場合、「は」というのは時の語について、夕べが夢を見たわけではないですね。「は」というのは今日でもいろいろ問題になっていて論争が絶えない助詞なんですけれど、話し手が最も気になるものを掲げるための表示に用いる記号なわけですね。そういうことから「は」をめぐって思索を展開し、最終的に山田はこの「は」が文章の文末の言い切りを要求する点に注目した。例えば、「鳥が飛ぶ時空気が動く」というような場合、「鳥が」の「が」は、「飛ぶ」にかかって役割を終えるんですけれど、「鳥が」を「鳥は」に変えますと、「鳥は飛ぶ時羽を広げる」というような場合、「鳥は飛ぶ」で終らないんですね。「鳥は飛ぶ時羽を広げ

る」と、「鳥は」の「は」というのは「広げる」という文末までかかっているわけですね。「は」というのはかかり先に言い切りを要求する、そこに「は」の本質がある、として考察を進めていったわけですね。この「は」を係助詞と山田は認めているわけですけれども、「は」というのは今言いましたように文末の言い切りを要求する、そういう観点から見ると、実は江戸時代の本居宣長の研究に関係があるのですが、宣長は、係ことばに応じて文の述語の結び方が異なることを示している、いわゆる係結びですね。例えば「こそ」でしたら、已然形で結ぶ、というようなことですね。「子を持ちてこそ親の心は思い知るなれ」と「なれ」で結んでいる。そういう係助詞と同じ機能を持つものとして「は」を捉えていったわけですけれども、山田はその研究で、偶然に宣長の研究を顕彰することになった。江戸時代、宣長の研究はその後、正当な形では生かされていなかったのですが、山田がそれを再評価をするという結果になったわけです。

　——それで「は」は言い切りを要求するということですが、言い切りとはどういうものなんですか。

難しいんですが、あることを述べあげて言い切るところ。例えば、前から続いてきたことばを、そこでただ単に切るというだけではなくて、切るところにはなんらかの作用が働いている。人間は物事を理解する時に、事態のすべてを瞬時に理解することは難しいのであって、事態を一旦各要素に分解して、そしてその要素を集めてある長さを持った時間の中で然るべく繋

いで、まとめ上げて初めて理解できる。その各要素がまとまった一つの事態内容が結成されるのが、その文の末尾である。特に用言、動詞の部分ですね。動詞のところで言いたいことが最終的に結合していくということです。ですから、助詞の「は」の、先程言い切りを要求するということを言いましたけれども、そこから発展して文というのは言い切りのところが大変大切なのだということを明らかにしていったわけです。述べ上げ言い切るということの精神的な内実、それを山田は統覚作用と名付けた。各要素がまとまって一つの事態内容が結成される、そういう作用を統覚作用と言ったわけです。統覚作用がことばの上で具体的に表されるのが文の末尾であって、ことばとして表されることを以て陳述と言ったわけですね。文の最後にくる動詞が、陳述というものを内部に備えている、陳述の能力を持っているというわけです。ですから最後の動詞で全体が決定する、陳述によって思想が統一される、と。これは日本語のシンタックスとかかわるものであって、動詞が最後にくるということによるものですが。

　——考えている部分は統覚作用で、口から出たら陳述になると。

　そうですね。ただ、違うところは、例えば「火事」とか、名詞で終る一文がありますね。このようなものは動詞を含んでないから、陳述はないと彼は言うわけです。しかし統覚作用はあると。何かを言いたいという統覚作用はあるけれども、陳述というのはその用言のところだといったものですから、陳述はな

いわけです。具体的な形式として現れてないのですからね。この陳述とか統覚作用というのは、その後の文法研究の世界でさまざまに論議されている用語ですけれども、これを最初に言い始めたのが山田であって、こういう山田の研究の方法は、単に表面的なことばの研究だけではなくて、心理学的な、あるいは論理学的な研究を導入をすることによって、文法研究を内面的な深さにまで高めていったといいますか、内面的深さを文法研究に備えさせたという点で重要な意義があるのです。

　——わかりました。では、この後は山田孝雄の日本語文法の史的研究についてうかがいたいのですが、その前にちょっとここで休憩をさせていただきましょう。一息入れさせていただくということで、何か。

そうですね。山田の研究の糸口ということで先程言いましたように、最大の動機が学生の質問であったということで、山田ほどではなくても、教えることによって自らも学ぶという姿勢、これは我々が持ち続けなくてはならない姿勢だと思いますね。今、私の所では外国人留学生が多くいますけれども、「あなたは私の友達だ」というふうな言い方をしたときに、相手にちょっと変な顔をされたというわけです。You are my friend. というふうな言い方をそのまま訳せば、「あなたは私の友達だ」ということになる訳ですし、日本語としてはおかしくないんですけれども、実際にそういう文章は日本語の運用として日常生活の中に使われるかということになるとやはり考えるところがあって、「あなたは私の友達だ」ということは、何かちょっと

別のことを要求していると言いますか、白々しいと言いますか、日本の場合の友人関係というのは、そういうことを言わなくてお互いに配慮し合うということがあって、わざわざことばに出すということは、別の意味合いを含んでいるようなところがありますね。だから、相手が変な顔をしたということはそういうことであって、しかしそういうことは教科書にはちょっと書いてないことであって、日本語としてはおかしくないんですね。「我々は友達だ」というふうな言い方はおかしくないけれども、それが日常使える文章なのかということは、改めて考えてみる必要があるのではないかという気がしました。それから、これはちょっとことばとはずれるかもしれませんが、日の丸を見てどうして日本人はあれを太陽に感じるんだ、ということを質問してきた留学生がいましたけれども、The sun is yellow. というように向こうは太陽というのは黄色であって、欧米の絵本をみますと太陽はだいたい黄色で描かれているんですね。ところが、日本の幼稚園児などが太陽を描いているのをみますと必ず赤で描いていますね。それはなぜかというと、今も言いましたように、向こうは、The sun is yellow. という表現ですが、こちらは「真っ赤な太陽」とか「太陽は赤い」と表現しますね。ですから、そういうことばによって同じものが違った形に見えてくるということが、自分たちの母語の中だけでは気が付かないんですけれど、そういう外側からの刺激で新たに発見するということがありますね。そういう日常に安住していては分からないことを、自分の学生なり子供なりから教えられるということがあるのではないでしょうか。

——そうですね。ちょっと注意していろいろなまわりのものを見てみたいですね。さて、先生、山田孝雄の次の研究についてご紹介いただきたいんですが。

　明治31年以降の山田孝雄ということですけれども、その丹波篠山の鳳鳴義塾から奈良県尋常中学校五条分校に、明治31年に移るわけですけれども、「私が明治31年に鳳鳴義塾を辞して、篠山を去ろうとした時に、当時同僚であった山下孝吉君もまた職を辞して英国へ渡られるということであった。このさい二人共に篠山を去るにあたりまして、私は山下君に誓いました。それは、私が行っている研究は私の30歳の時、すなわち明治37年までにこれを完成し得ないならば、私は再び生きて君にまみえない、ということを誓ったのでありました。」というふうな文章があるのですが、彼の若き日の情熱といいますか、気迫の激しさがこもっていると思うのですけれども、明治37年までに自分の研究を完成したいと。実際には明治35年に『日本文法論』をほぼ完成させているわけで、その通りになったわけですね。なお、明治34年に高知県の第一中学校へ赴任しています。高知県の安芸にある中学校なんですが、『日本文法論』はこの安芸時代に完成されたということですね。この『日本文法論』が学位請求論文として文部省に提出されて、審査は帝国大学の教授会がすることになっていたのですが、実はずっと無視されて、20年以上も無視されていたわけです。それで学位が授与されたのは昭和4年でした。このように長く無視されたのは、やはり学歴がないなどの理由であったと思われます。山田が有名になった昭和になって、今更学位でもあるま

いという時期になってから与えられたわけで、これもまた世間の評判になったようです。

　——高知県の安芸の時代というのは、『日本文法論』を完成させたいということで、山田孝雄にとっても重要な時代になるわけなんですか。

そうですね。先程の五条時代も研究のプロセスとしては注目しなくてはならないと思うんですけれども、安芸時代というのは理論的な論文を完成させるとともに、日本語文法の歴史的な面の実証的な研究『奈良朝文法史』を明治39年に脱稿していますし、それと『平安朝文法史』ですね、『奈良朝文法史』は奈良時代の万葉集を資料として文法の体系を記述したものです。そして『平安朝文法史』は平安時代の物語を資料としたものです。これら史的研究を実際にやったのは、この安芸時代だと思われます。安芸時代は山田の学的研究の成果の発露という点で一つのエポックを成す時期だと思うのです。ただ、地方でこういう研究をするには非常な苦労を伴うわけで、そのことについて、次のように述べています。

「著者もと常に僻地にありてすこぶる材料を得るに窮せり。その故にこの編述にあたりては中央大都の学者の夢想にだにも及ばざる研究以外の苦悩を受けり。」

　——地方での辛酸を嘗めながら研究を続けたわけですね。

そして、5年後の明治39年には上京します。明治40年から、文部省の中に設けられた国語問題、国語政策のための基礎的なデータを得るという国語調査委員会の補助委員を委嘱されて、その国語調査委員会の中で働くことになりました。ただやはり、独学で無学歴の者はエリート学者からあまり相手にされなかったようで、最初は非常に苦労した、というようなことを晩年述懐しています。ただこの国語調査委員会というのは、大槻文彦など名高い学者が学問的に多くの業績をあげていたところで、山田自身も研究にとっては非常に有益な時代だったと思います。そしてその調査委員会の中で山田自身が中心になった仕事は、先程の平安朝に続く、鎌倉時代の文法史の研究でした。特に平家物語を中心として、平家物語の諸本の中で、延慶本平家物語を資料としてその研究に没頭します。ですから、奈良時代、平安時代、鎌倉時代とずっと続けて歴史的な文法の記述的な研究をやっていったわけです。ただしこの国語調査委員会は大正2年に廃止されます。彼はその後は在野の学者として研究を続けたわけです。特に古典の保存、古典の普及に非常に努力しました。そして大正9年に、日本大学に講師として迎えられます。日本大学時代の講義をまとめたものが、『日本文法講義』『日本口語法講義』『敬語法の研究』などですが、山田自身、講義は必ず世間の批評を仰ぐべくその内容を公にするという哲学を持っていたようで、講義したものは必ず1冊の本にして公開しています。後もそうです。その中の特に『敬語法の研究』は、敬語の体系的な研究としての先駆的な業績と認められているものです。そして、大正14年になりますと、仙台の東北帝国大学に新しく創設されました法文学部の講師として、国

文学第一講座、これは国語学講座なんですが、そこに講師として迎えられます。実は講師として講座を担当するというのは非常に異例だったようですけれども、東大にその先例があるということで認められたようです。昭和2年になりますと教授に昇格します。昭和2年というと彼が52歳ですね。大学卒業の学歴を持たない人が、国立大学の教授になったというのは、まさに希有な例だと思うんですが、ただ待遇としては高等官六等で、当時の大学教授としては最低の待遇だったようです。そして東北大学には7年あまり在職して、その間の講義案を公開しているわけです。『日本文法学概論』『漢文の訓読によりて伝へられたる語法』『国語の中に於ける漢語の研究』などの出版がそれです。当時の東北大学には有名な人達が揃っていて、同僚の阿部次郎とか小宮豊隆とか土居光知とか村岡典嗣などと芭蕉の俳諧の共同研究をします。なぜそれをやったかと言いますと、鎌倉時代までの歴史的な研究をやってきて、今度は近世ですね。『平家物語』の研究につながる日本文法史の近世篇として、俳諧の研究を続けたのだと思います。一貫して歴史を追って文法の歴史を記述していくという、一つの大きな目標があったわけですね。

　——ここまでで、国語学者としての山田孝雄についてお話をうかがってきたわけですけれども、先程先生は、単に国語学者としてだけでは捉えられないという言い方をなさいましたけれど、山田孝雄には他にどういう面があったのでしょうか。

そうですね。単に国語学者としてだけでは捉えられない学者だと言いましたけれど、彼の全体的な人間像を総括すれば、まさに憂国の士と言いますか、国学の士であったわけで、すでに1910年の大逆事件に際し、日本国家の前途を憂えて『大日本国体概論』を書いていますし、1924年になりますと『国民道徳原論』、1933年、これは昭和8年ですけれど、『国体の本義』という本を草して、いわゆる天皇親政の国粋主義を鼓吹した。そういうものを著わして大義名分を説いた。そういう意味で非常にナショナルな一面があるわけで、そういう著作が結果として日本のミリタリズムを鼓舞することになった。そしてあの暗い時代を招来させることになったということは否定できないと思います。

——明治の初期というのは西洋の方に目が向いていましたけれども、その頃からはまったく想像できないような時代に変わっていったわけですよね。それでこの山田孝雄の昭和初期の活動といいますと他にはどういうものがありますか。

『国体の本義』のことを言いましたけれども、昭和10年には、文部省に教学刷新評議会というのが設けられて、山田はその評議会に委員として加わったようです。この評議会からは、国体に基づき日本精神を核心として人文の発展、皇運の隆昌に尽くす、といった答申が出されて、いわゆる民主的な学問というものがなかなか出来なくなってくる時代になります。そういう答申それ自体が出されたということも、我が国の教育とか学問がより一層の、いわゆる右翼の方向にいったということは否

めないと思うのです。昭和14年に『国学の本義』という本を出していますけれども、まず国学ということについてお話ししなければならないと思います。国学というのはまさに国家の学という意味ですが、江戸時代に荷田春満が提唱し、賀茂真淵が継承し、本居宣長が大成して平田篤胤が広めた一連の学問のわけですけれども、古典を修めて古義を明らかにする、古道に至るということですが、古道というのはまさに日本の天皇を中心とした古代の親政への道なのですけれども、そういうところへの回帰というか、精神を明らかにするというのが国学の内容なんですね。その研究の対象となるのが、神道、法制、和歌、国史などですね。国学の提唱者、荷田春満が、江戸時代に儒教や仏教に対抗して、日本の古道、いわゆる国学のための学校を徳川幕府に請願する『創学校啓』という本を草しているわけですけれども、山田はこの春満の『創学校啓』の本文を複製し解説している。それは昭和15年なんですけれども、この荷田春満の『創学校啓』は、日本の古道を明らかにする、それは具体的には古典古語を研究することによって明らかになるということです。国学の思想的立場を宣言したものが『創学校啓』なのですが、山田はそれに共鳴したわけです。昭和15年というのは神宮皇学館が大学に昇格して、その神宮皇学館大学に山田が学長として就任した年でもあるのです。国学の体系的研究を神宮皇学館で実践しようとしてつとめたわけです。山田の研究は非常に実証的なので、そのイデオロギーは別として、実証的にデータをきっちりと押さえて、国語を正確に記述していくという、その点に関しては、客観的なやり方として、非常に価値があるわけです。

——ところで、山田孝雄の書いた本ですが、本義というのがよく付いているように思うんですが、これにはどういう気持が込められていたんでしょうか。

やはり情念の人ということがあるんですけれども、本義というのは彼が常に第一義的なものに心を寄せていたことを示すと思います。ただし彼にとって第一義的なものというのは、日本の国家であり国体であり国家の学としての国学であったと思うんですね。しかし、もし国家を越えたところの国家間すなわち国際という概念とか、あるいは国家を離れた普遍的人間性が第一義となるという場合においては考え方もやはり変わってくると思うのです。特に戦後のものの見方がまったく変化した時代においては、山田の本義というのは一面的であったと言えるかと思います。ただ先程も言いましたように、そのイデオロギーのことよりも、極めて実証的に研究された事実そのものが、業績として残っている。データが今日に十分いかされているという点で価値があると思うんです。

　——戦後、あらゆる価値観が変わりました。その時に山田孝雄はどういうふうに生きたんでしょうか。

1945年、昭和20年ですね。敗戦とともに山田は公職追放の身になり、再び書斎の人として研究に没頭することになったわけですが、彼は昭和の初期に政府が仮名遣いの改定をやろうとした時に、非常に場当り的なやり方であるとして、強く反対を称えたという経緯があります。歴史的な事実を無視した形で場

当り的な仮名遣いは非常にまずいんじゃないかと、『仮名遣の歴史』という本を昭和4年に書き、その中で強く主張しているわけですけれども、実は当用漢字、現代仮名遣いの制定が断行されたのが昭和21年ですね。彼は当時、言論・行動に束縛が加えられていて、沈黙を守らざるを得なかった、つらかったと思うんです。しかし昭和26年追放が解除になります。そして、昭和32年には文化勲章が授与されます。少年の日から独立独歩、不屈の気概を持って独自の道を切り開き、ひたすら歩み続けてきて、ようやくその功績が世間に認められたということを心から喜んでいたようですけれども、1958年、昭和33年に83歳の生涯を閉じています。

　——ということは、文化勲章をもらって次の年ということになるんですね。最後に、山田孝雄について、先生のお考えをお聞かせいただけますか。

　私自身、富山に生まれまして、同郷ということでの思いがありますし、北陸人特有の粘り強さとか一徹さということで感ずるところもあります。また私自身が東北大学で国語学を修めましたから、山田から見れば孫弟子になるわけで、その業績を顕彰するということにはやぶさかでないんですけれども、やはり先程のような国粋主義の面ですね、それはある面で日本人として必要なところでもあるんですけれども、しかし一方で日本だけを特別に扱って、世界の中での日本という視角がまったく欠けているわけで、日本を客観的に見る、世界の中での日本という視野で見るというところが非常に欠けていたと思うんです。

これは近代日本のウィークポイントでもあると思うんですが、周りの国々に対する配慮とか普遍的人間性の追求ということが非常に欠けていたわけです。例の1970年代初頭の大学紛争の時、仙台の東北大学の国語学の研究室の壁に、学生の落書きですけれども、戦前戦中の山田の行動を忘却してはならない、その総括の上に立たない限り科学的な国語研究は有り得ない、というのがありました。確かにそうなので、かつては国語は日本人じゃないと分からない、日本人以外の研究者では本質は捉えられない、などと信じたようなこともあったわけですが、それではいけないと思います[補1]。最近は、世界の言語の中での個別言語として日本語を見ていくという、そういう立場で、国語学ではなく日本語学と呼ぼうとする流れがあるわけですね。私も、世界のいろいろな言語と同じレベルにおいて日本語の実体を明らかにしていくことを目指しています。また、かつての日本では、日本の古道というものが特別世界で一番優れているというようなことを言ったわけですけれど、それはまさに自己中心性と言えるものであって、そういう点は反省しなければならないし、総括しておかなければならないところだと思うんです。ですから、大学紛争当時の落書きというのは、いまだに私自身の頭の中に焼きついているのです。

注

(1)「日本研究の先達」シリーズの第2回分として話した。放送日は、1987年10月25日である。なお、シリーズの第1回目は、1987年10月18日、徳川宗賢先生が「上田万年―日本語研究の淵源―」と

いうタイトルで話された。

(1998.3)

補注

(1) その後に筆者が監修した『韓国人による日本社会言語学研究』(おうふう、2006)は、この言説に対する、筆者のひそかな挑戦でもあった。

11. 国語教育のイデオロギー

方言と学校教育

1　標準は一つとは限らない

　戦後、「共通語」という用語が、国語教育の指導者によって教育の現場に持ち込まれた。そして、「共通語」は「標準語」に代わる新語だという宣伝がさかんになされた。その背景には、戦前の標準語教育に対する反発、すなわち日本政府が標準語の普及にイデオロギーの教育をからませて強引に上から押し付けてきたことに対する反発があったことはまちがいのないところである。

　「共通語」は、「国内に方言差があっても、それを越えて異なった地方の人々が意志を通じあうことのできる言語」(佐藤喜代治編『国語学研究事典』1977)とされる。「共通語」は common language の訳語であるが、しかしこれは原義的には、異なった言語間のコミュニケーションに使われる第三の言語のことを指すものである。たとえば、インドネシア各地で通用するマレー語、東アフリカにおけるスワヒリ語などである。英語は世界の多くの地域で共通語として機能している。したがって、

日本での用法は、その原義に照らしてややレベルを異にした使い方であることが指摘される。

標準語が共通語に取り替えられたことについてはさらにもう一つの理由がある。それは、日本語にはまだ標準語がない、あるのはただ全国に通じる共通語だけである、とする見方である。しかし、このことは、一部の教師たちに"日本語には教える標準が存在しないのか"といった疑問をいだかせることになった。

ところで、日本語にはまだ標準語がない、というとき、具体的には、日本語では「おおきい字」と「おおきな字」、「英語が話せる」と「英語を話せる」はどちらが正しいのかわからないではないか。《世論》は「よろん」「せろん」、《早急》は「さっきゅう」「そうきゅう」のどちらの言い方が正しいと決まっているのか。《大地震》は「おおじしん」か「だいじしん」か。また、「感ずる」か「感じる」か、「愛さない」か「愛しない」か。さらには、アクセントの、たとえば「アカルイ」「アカルイ」、「アブナイ」「アブナイ」、「アヤシイ」「アヤシイ」、「オイシイ」「オイシイ」、「カナシイ」「カナシイ」ではどちらが正しいのか……などというようなことをさしている。たしかに、標準語の「標準」ということばをただ一つの規範というふうに限定し、それを法律や訓令によって制定したものと考えるとすれば、そのような標準語は日本に存在してはいない。しかし、「標準」ということばをそのように解釈するとき、それはきわめてせまい、窮屈な内容のものとなるであろう。そもそも「標準」というものは一つとは限らないはずである。「しなければならない」「しなくてはならない」「しないといけない」、これ

らはいずれも標準であって何らさしつかえない。そしてまた、「標準」というものはたえず変化するものだから、その標準性の度合いにもさまざまな段階がありうるはずである。上掲の「アカルイ」「アブナイ」「アヤシイ」「オイシイ」「カナシイ」などのアクセントのゆれに関して言えば、これら4拍形容詞のいわゆる第1類に属する語の終止形単独発話形は［○●●●］が従来の標準形とされているのであるが、筆者が1987年に調べたところでは、東京都区内の若年層で80％近くの者が［○●●○］に発音している。したがって、この［○●●○］形が今後、標準語の一部になると予想される。

　筆者は近年、国語教師、あるいは日本語教師の研修会などで、これらのゆれに関する具体的データを示しつつ話す機会が多いが、そこで必ずといっていいくらい出る質問は、「一体どちらが標準語なのかを確定してもらいたい」といった内容である。ここにはやはり標準をただ一つのものとする見方が顔を出している。繰り返すが、そもそも標準というものは一つのものとは限らないのだ。要は、実際に標準として働いているかどうかであって、国ないし、これに類した機関が標準であるとして統制することではないはずである。教師たるもの、基本をおさえつつも、もっとフレキシブルな立場を持ってほしいと思う。

2　方言の教育

　今日まで国語教育のなかでは、方言で区別されていることばの細かな違い・ニュアンスは、ほとんど問題にされず無視されてきたといっても過言ではない。現在でも小学校低学年の国語

教室でさえも、標準語を教えるのに標準語を媒介にしているのである。しかし、方言との対照の上に立って標準語を再確認すること、そして、標準語と対比しつつ自分自身のことばを見つめ直すこと、このことは、ことばに対する感性をみがく上において、まさに基本的な、何よりも大切なことなのではないかと筆者は考えている。自分の方言と比較することによってはじめて標準語の正しい姿に到達することができるといった側面を認識したい。

　たとえば、ダデドとザゼゾの音が混同される地方がある。この場合、標準語音のダデドとザゼゾを聞かせ、そのときの舌の位置、舌の動かし方などを説明することはもちろん大切だが、同時に、生徒が自分の発音として観察することのできる方言での舌の位置や舌の動きをよく理解させた上で、それとどのように違っているかを対照して説明するのでなければ標準語の発音の正しい理解は難しいのではなかろうか。そのためには、教師が、音声学に対する基礎的な知識を十分にそなえている必要がある（それは国語教師として当然すぎることではあるが）。

　また、中国・四国や九州地方の方言で、「降リヨル」と「降ットル（降ッチョル）」とを区別する。「降リヨル」は、雨であれば、その雨がいま降っている最中であるという《進行》の意味を表すものである。一方、「降ットル（降ッチョル）」は、いまは降ってはいないが、水たまりなどを見て、すでに降ったと悟るという《結果》の意味を表すものである。すなわち、この表現の区別を持っている人たちは、アスペクトの把握の仕方が、区別を持っていない人たちとは異なっていると言えるわけである。東京など東日本では両方の情況ともに「降ッテル」で

区別がない。ところで、関西中央部では、このようなアスペクトによる区別はないが、「〜ヨル」という形式自体は存在し、それは主として軽い罵意をこめた表現として用いられる。したがって、「降リヨル」という表現には、雨なり雪なりの、降っていることに対する憤慨といった話者の心情が託されることになる。

さらに、たとえば、可能表現に関して、「着ることができる」であれば、東北北部の方言では、着レル／着ルニイー、静岡の方言では、着ーエル／着レル、九州北部の方言では、着キル／着ラルル、といった区別がある。前者は能力が可能にしている場合で、後者は情況が可能にしている場合である。なお、関西の方言では、ヨー着ル／ヨー着ンのようなヨー〜といった形式があるが、これは、能力、情況といったレベルではなく、やはり話者の心意が託された心情可能の表現である。

このような区別は、もちろん標準語には存在しないわけであるが、これらとの対応を積極的に教えることで標準語の持つ意味をさらに明らかにすることができるはずである。そして、自分の生活語が標準語同様に文法の対象とされ、方言の成立が法則的なものであることを知るとき、生徒はそのことばづかいに自信を持つようになるのではないか。生徒たちには、自分自身のことばを普段の生活のなかで意識的な観察の対象とすることはほとんどないものと思われる。国語教育において、ことばにひそんでいる法則性に目を開かせることは、単にその場で扱われる項目だけではなく、言語体系のほかの要素についても観察する目を養うはずである。そのことは自分のことばである方言を観察する場合に一層大きいと考えられる。標準語は書きこと

ばを持っているから、方言にくらべて対象化しやすい。それは自分の外にあるものとして客観的に観察することができるからである。しかし、話しことばでしか使われず、完全に自分の内にあって、対象化されることの少ない方言を、国語教育のなかで自分の外に取り出し、客観的な観察の対象として、そこにひそむ法則性に目を向けさせることは、これまで見過ごしてきた現実に対する再認識の機会を与えるだろう。そして、そのような形で培われた言語を見る目は標準語を正しく身につけるにあたっても、まちがいなく役に立つはずである。

　私事にわたるが、筆者が、故郷である北陸の秘境、越中五箇山郷を後にしたのは1961年のことであった。山岳地帯の少数民として、都市と山村における生活水準の差から、方言が、卑しいもの、まちがったものと見られていた情況のなかで、さまざまな体験をした。故郷を離れたのは勉学のためであったが、勉学とは、いわば、書きことばを背景とする知識体系としてのことばの習得の過程そのものであったとも言える。学習とはすなわち過去を清算することであるといった考えは、高校時代、そして大学の教養部時代を通じて変わらなかったように思う。そのような考え方が根底からくつがえされたのは、方言学という学問との出会いによってであった。母語の内観を通して深い研究ができる道の存在することを知った。研究の対象として故郷を再び見つめるようになろうとはその時までは夢想だもしないことであった。当時読んだ次の文章が、いまも強く印象に残っている。

　近代の自然科学は、人種や階級の別なく人間を同じように観

察の対象とし、そこに同じ法則がはたらいていることを明らかにすることによって、人間の平等観、民主主義に貢献した。どんな山奥の方言をも、文化的に高い言語と同様に研究の対象とした方言学は、これと、同じ意味でまさに近代の産物である。　（宮島達夫「方言教育論」『言語生活』1966、1）

　現在、国語教育のなかでは、小学校4年生の教科書から「方言」に関する内容が特設されるようになっている[補1]。しかし、方言をそれ自体で取り出してきて、標準語と無関係に教えることにはあまり意味がないというべきである。出たとこ勝負で方言を興味本位に引き合いに出すだけならば、結局は、方言に対して、ものめずらしいもの、まちがったもの、といった不当なニュアンスでの印象をうえつけるに過ぎないことになる。方言は常に標準語との対応において教えなくてはならない。
　その観点において、場面の視角を導入し、仲間内のぞんざいな場での表現（方言）と公的な場での表現（標準語、ここでは共通語）とを同等の価値のものとして扱った、次のような教材は、ある意味では画期的な、新しい試みということができるだろう[補2]。

　　さて、ここで、共通語と方言が、日ごろの生活の中でどのようにあらわれてくるかを、考えてみましょう。
　　みなさんは、たとえば、学級会で司会をする場合の言葉づかいと、友だちどうしで話すときの言葉づかいに、ちがいのあることに気付いたことはありませんか。みんなの前で話す言葉は、そのまま文字に写すと、あるていど、整った文章になるような言葉です。その言葉は、共通語に近いものだと思

います。

　では、友だちどうしで、気楽に話す場合はどうでしょう。たとえば、共通語で「わからない」ということを、親しい友だちに話すとしたらどうなるでしょうか。おそらく、東日本では、「わかんない」のように言う人が多いと思います。西日本では「わからん」とか「わからへん」のように言う人が多いと思います。みなさん自身はどのように言うか、考えてみてください。

　共通語と方言を、場面によって使い分けるということは、一人の人間が、共通語と方言の両方をもっているということを意味します。わたしたちは、それぞれのせいしつをよく学び取って、時と場合におうじて、しっかり使い分けられるようにしていきたいものです。

（大阪書籍『小学国語4上』1989年度用）

　国語教師に望みたいことは、何よりもまず、その地の言語と言語生活をよく知っておいてほしいということである。そして、教師自身が、それを客観的に科学的に分析できる能力を持つ必要がある。語彙、語法や語音に限らず、児童や生徒たちがどのようなアクセント、イントネーションを使っているのかを正確に把握し、それに応じた適切な指導法を考え、実践するのでなければ、国語教師としての資格に欠けると言われても仕方がないだろう。教師のひとりひとりが、自分で、土地の言語生活、言語行動を科学的な目で観察し記述するだけの力をつけていくことを期待する。

（1989.10）

補注
(1) 現行の小学校指導要領では、小学校 5 年生の教科書から「方言」に関する内容が特設されるようになっている。なお、平成 29 年 3 月に公示された次期の小学校学習指導要領の解説(「国語編」)には、〔第 5 学年及び第 6 学年〕の(3)我が国の言語文化に関する事項の「言葉の由来や変化」の中で、「時間の経過による言葉の変化や世代による言葉の違いに気付き、共通語と方言との違いを理解すること」といった表現が見える。
(2) 執筆は筆者による。

12. 方言の情況と日本語教育

1 はじめに

　筆者は国語教育の世界における方言の教育の重要性について折にふれ発言してきた。しかし、それは、方言があくまで教育を受ける側の母語として存在することを前提にしてのことである。生徒たちには自分自身の母語をふだんの生活のなかで意識的な観察の対象とすることはほとんどないものと思われる。話しことばでしか使われず、完全に自分の内にあって、対象化されることの少ない方言を、国語教育の場において、客観的な観察の対象として、そこにひそむ法則性に目を向けさせることは、これまで見過ごしてきた現実に対する再認識の機会を与えるだろう。そして、そのような形で培われたことばを見る目は、標準語を正しく身につけるにあたってもまちがいなく役に立つはずであろうと考えてのことである。したがって、それはあくまで標準語のための方言教育であるわけである。

　ひるがえって、日本語教育の世界における方言の教育はどのようになろうか。ここでは、各自の母語から標準語を照射する

といった方向ではなく、標準語を基礎として新たに方言を意識的に学習させるというプロセスになる。すなわち、その方言指導は標準語のためのものではけっしてないわけである。当たり前のことのようではあるが、まずこの点をおさえておきたい。

最近は首都圏以外に住む日本語学習者も多くなって、方言の必要性を認識する学習者が急増しているという実態がある。それを受けて、日本語教育界でもようやく方言の情況に対して目が向けられ始めたようである。いずれにしても、教える側の教師にとって、その他の方言に関する客観的な把握、情況認識が必要とされる時代が到来したことは事実であろう。

さて、日本語学習者が生活の場で必要とする方言の実体は、いずれにしても、けっして単純システマチックな伝統方言(いわゆる純粋方言)ではありえないはずである。その必要とされる対象は、地域言語社会で、生きてダイナミックに展開していることば、そのものであろう。とするならば、その実態についてまず明らかにしておくことが肝要と考えられる。

そこで、ここでは地域社会における最近の言語相の一端を見ることにしたい。

2 地域言語の現況

戦後の地域言語のトピックは、何と言っても共通語化(common Japanization)のことであろう。特にテレビジョンの普及によって、日本標準語は圧倒的な勢いで地域社会に浸透した。

筆者は、地域言語における現今の最も大きな問題は、方言と標準語の接触・干渉にかかわる点であると認識している。方言

はふだんの場面、そして標準語はフォーマルな場面、というふうに使い分けられているとはいうものの、使い分ける話者自身は同一人物であり、方言スタイルと標準語スタイルは同じ一人の人間の頭の中にあるわけで、そこで両者が接触をするのは、ある意味では当然なのであるが、接触はそういう深いところで起こっているのである。

　そして、標準語の干渉のプロセスで、従来の方言にはなかった新しい形ができつつある。方言と標準語とが混交した中間形の発生は、全国各地において、音声、語、文、文章、そして談話の、それぞれのレベルで観察されるところである。そして、その中間形による表現が地域社会でのスピーチスタイルとして定着しつつあるといった情況が存在する。それは、井上史雄さんの言う「新方言」の概念とは違った内容を含むものであると筆者は考えるので、あえて、ネオ・ダイアレクト（ネオ方言）と称しているわけである。

　ちなみに、このネオ・ダイアレクトについて、単語形レベルのものに限定して受け取っている向きもあるように思うが、それは誤解である。ネオ・ダイアレクトは、

　各地において、標準語の干渉を受ける形で生じ、定着しつつある新しい方言体系

と定義されるもので、あくまでもシステムである点を強調しておきたい。確かに、ネオ・ダイアレクトという概念の提唱以来、筆者が分析項目として取り扱ってきたものの多くは個々の語音や個々の語法にかかわるものであった。そして、それが誤

解の原因になったことは否めないのであるが、ここでその誤解をといておきたいと思う。

　文のレベルでのものとして、ここでは大阪方言に関する事例を、田辺(1985)から引こう。

「ダメじゃないの」と叱る東京弁を純粋大阪弁に翻訳すると、
「アカンやないか」
あるいは、
「アカンやないかいな」
もっと近い語感は、
「あきまへんがな」
であるが、若い大阪女性のセンスから遠くなっており、もうどうしょうもない、苦しまぎれというか、せっぱつまって、というか、
「アカンやないの」
であいまいにボカすのであるが、何しろ「や」が大阪弁らしく柔らかいのが、混合の不調和を救って、まあ、耳障りでない程度の、「新大阪弁」となっている。

たとえば、ここでの「新大阪弁」のようなものが、まさに筆者の言うネオ・ダイアレクトである。

　純粋方言文形の「あきまへんがな」という、いわば屈折的な表現が嫌われて、「ダメじゃないの」の部分部分に対応変換した分析的な「アカンやないの」という表現が生まれてくる背景には、やはり標準語と方言との間の対応を単純化させるといった流れ(真田 1991)の存在が認められる。

なお、陣内(1988)では、福岡市の中年層から若年層で、次のような表現のゆれが見られることを指摘した上で、その運用に関する興味深いコメントが加えられている。

a　コレセンデ　ヨカト／イイト　（これしないでいいの）
b　モウ　タベンメ／タベンドコ　（もう食べないでおこう）
c　ミンナデ　タビョーヤ／タベローヤ　（皆で食べようよ）

　　いずれの例も後者の方が新しく、また優勢になりつつある変種なのだが、この両者のスタイルの差は方言色の衰退の度合いにある。しかし、共通語そのものに置き換わってしまうのではなく、いわば方言と共通語の中間形である。若年層が次々とこういった中間形を創り出し、それを好んで用い、それが広まってゆく裏には、あまり方言色の強くない、かといって共通語や東京弁ほど都会的でもないものを共通のアイデンティティとしていることがあるのではないだろうか。地方の若年層は同じ地域の年輩層ともまた中央の若年層とも異なった、あるスピーチスタイルを求めているのであろう。

現代地域社会の若者が、従来の方言スタイルから、また規範としての標準語のスタイルからも逸脱しようとする結果として、そこに中間的なスタイルが発生しつつある情況を注目していきたいと思う。

　ただし、これは、どこの地域でも同様というわけではなくて、筆者としては、関西圏、そして北部九州圏の二つが大きなコアとなっているように観察している。東日本の場合は、フォーマルな場では、直接的に標準語コードにスイッチするけ

れども、関西とか北部九州の場合は、そこにかなりのクッションのあることが認められるからである。それは談話のレベルにおいても同様である。次の例も田辺（1985）からの引用で、若い大阪女性の日常会話の一端と、それに対するコメントである。

「自信なんかありませんよ。いややわ、きょうはどうしはったんですか。私のどこが冷やかなの。いじめないで下さい。」
「私かておんなじですよ。けど、人前でそんな様子みせられへんでしょ。」
　ありませんよ、いじめないで下さい、これは完全に共通語が定着していることを示すが、敬語の「はる」と否定の「へん」は、これに代替する共通語はあるものの、まだ大阪女性に使い慣らされていないことを示す。「みせられへん」の代りに「みせられない」というと、とたんによそよそしくなって表現不十分であるから、どうしても「へん」を重用することになる。

各地でのこのような情況を、そしてその地域ごとの動向を、われわれは具体的に把握し、認識しておかなくてはならないだろう。そして、地域言語の研究者は教育の場への具体的な材料を提供する義務をも負っている、と筆者は考えるものである。

3　方言を教える

　さて、実際に教室で方言を教えるとしても、そのために検討しなくてはならない問題がいくつもある。その第一は、生越

(1991)の指摘にもあるように、方言を教える際、いったい何を教えるかという点であろう。そもそも、日本語学習者に、ある方言を教えようとすれば、まず、その方言のなかで教えるべき基本的な部分はどれか、そして、全体の体系をどのような順序において教えていくかを決めなくてはならないはずである。そのような研究は今までまったくなされてこなかった。

しかしながら、それは日本語教育者だけの怠慢ではけっしてない。一般に日本語使用者を対象とした場合でも、たとえば、東京出身者が、鹿児島に、あるいは青森に赴任して、その土地の方言がわからず生活に不便を感じ、方言の学習の必要性にせまられたとしても、鹿児島方言の、あるいは青森方言の教育をしてくれるような学校や教師はたぶん存在していないと思われる。また、たとえば、現代もプレステージを持って周辺に影響を及ぼしつつある大阪方言にしても、その情況をわきまえた上での体系的な方言指導がなされているということを筆者は寡聞にして聞かない。

なお、これに関して一つ考えておかなくてはならないことがある。それは外来者の方言使用に対しての土着日本人の意識、評価の問題である。外国人に限らず他郷の人とわかる人がその土地の方言をペラペラとしゃべることについて、必ずしも好感を持って迎え入れる人ばかりではないのではないか。そこには様々な感情が屈折した微妙な心理が顔を出すこともあるようである。日本語の達者な外国人を"変な外人"と称するその心理である。

ところで、いわゆるテレビドラマなどの演出における方言指導という世界がある。俳優でその方言指導にあたっている大原

穣子さんは、大阪ことばをめぐって、次のように記している。

> 現代の若い人達の間では、「…しはる」「来はる」「いいはる」等の「ハル」ことばもさりながら、今では「…しやる」「きやる」「いいやる」など、一段下に見られていた「ヤル」ことばが勢力を強めてきている(略)子供の頃よく親から「そんな下品な物言いしたらあかん」とことば使いについてはうるさく言われたものだ。しかし、方言指導を仕事としている私にとって、品が良いとか、悪いとか言うことで、現実に使われていることばの存在を否定してはならない。(略)消えていくことば、新しく生まれることば、そして様々な事柄に気を配り、そのうえに立って、ドラマの中で登場人物に生きたことば(方言)を工夫していかなければ。　　　　　(大原1991)

このようなドラマにおける方言指導では現実をそのままに反映させることに徹するべきか否かについては議論のあるところであろう。いずれにしても、ここでも、伝統方言と現実の使用言語との採否をめぐってのさまざまな悩みの存在することがうかがわれるのである。そして、注目したいのは、このコメントの中の「そんな下品な物言い…」といった言辞である。そこに伝統的な規範が述べられているからである。一方で「ヤル」ことばが勢力を拡大しつつあるのは、大阪周辺の若い女性たちがこのことばにある種のプレステージを感じているからにほかならない。もちろんそれは従来の規範から故意にずらしたところに見いだされた潜在的なものではあろうけれども。

　現代はまさに高速度社会、いろいろな変化のインパクトがそ

れぞれの世代にあって、価値観といったものも微妙にゆれている時代である。伝統的な表現と新興のことばづかいとの葛藤に目を向け研究をする者にとっては魅力的な時代であるが、教育の面においては、その基本的な指標自体が流動的でとらえがたくなっているわけで、むずかしい時代である。

　誤解をおそれずあえて言えば、筆者は、日本語教育において、方言はそれ自体として教える対象に据えるべき言語であるという意見に対しては否定的な態度をとっている。最近しばしば外国人の日本語学習者がその地域のことばを知らなかったために起こしたトラブルや誤解などの事例を揚げて、方言の教育の必要性が説かれる。しかし、考えてみれば、日本人の起こしたそのような事件をもとに、日本人に対する方言教育の重要性がかつて説かれたことがあったであろうか。そのような事件はせいぜい落語のネタにされるのがオチだったのではないか。

　ややことばが過ぎたかもしれないが、筆者としては「方言は教えるべきか否か」といった二者択一的な不毛の論争に加わるつもりはないのである。一口に日本語教育といってもそこにさまざまなレベルがあるように、学習者のニーズにもまた多様なものがある。地域の人と密接に付き合う必要があるような職場などでは、あるいは地域方言が文体的コードの一つとして要求されることがあるであろう。そのような場合に対応すべき教育としては、当然のこととして、そこでの方言とその運用のマニュアルの学習が必須のものとなろう。しかし、それは言うは易いが、実際問題としては、いろいろの生々しいものを抱えた大変に難しい事柄であるということを認識しておくべきである。

4 ことばの標準意識

　日本語教育と方言とのかかわりをめぐっては、標準となすべき語形についての意識面での地域差といった問題もある。この点で、徳川(1984)は示唆に富む報告である。これは純粋関西人数十名を対象に、標準語かどうかを尋ねたアンケート調査の結果分析である。なお、標準語かどうかの判定基準は、「外国人に日本語を教えるにあたって、最初に教えることばとして適当かどうか」におかれている[1]。

　注目されるのは、次のような語形について、標準語と認めるものが非標準語とするものを上回っていることである(%は標準語と認めたものの割合)。

　　イバラ(バラや山椒のトゲ。トゲのある植物のことではない)　53%
　　ゴアサッテ(明々々後日。シアサッテの翌日)　57%
　　ナスビ(茄子)　59%
　　ナンキン(南瓜)　68%

なお、次の語形については、60代では非標準語とするが、20代では標準語と認める。

　　オトツイ(一昨日)　22%　＞　64%
　　キビス(踵)　28%　＞　64%
　　ジュウヤク(どくだみ。蕺草)　44%　＞　82%

これらの結果には関西ゆえの回答の偏りや回答者にかかわる歪みはあるにしても、ここに「現代に生きる日本人のナマの言語感覚の一端を垣間見ることができ」(原文)るわけである。

　日本語教育での基礎レベルでは、標準語が学習されるべきことを前提とした場合においても、このような、日本の標準となすべきことばをめぐっての意識上の多様性の存在は案外に深刻な問題なのではなかろうか。この方面でも掘り下げた調査研究が望まれる所以である。

5　おわりに

　現段階で筆者が強調したいことは、教師側の持つべき姿勢についてである。

　まず第一点は、自分自身で自分の母語(方言)の体系を標準語と対比して科学的にきっちりと記述しておいてほしいことである。第二点は、当該地域社会における方言の現況を客観的にしっかりと把握しておいてほしいことである。自分の感性は大切にすべきだが、その感性に合う合わないといった物差しだけで測っていると現実を見失ってしまう。そして第三点は、方言に対する偏見の除去ということである。ときおり、留学生のことばの中になまりがあって困る(例えば、母国で九州なまりのある先生に教えられていたらしい、困ったことだ、など)といった話を教師がしているのを耳にする。しかし、考えてみれば、われわれは九州なまりのある日本人に対して、はたしてそのような言及をするであろうか。九州なまりがあるからといって、その人のことばの指導者(生活の中では親である)のことを

批判したりするであろうか。方言を正当に評価できないような人にことばの教師としての資格はないのである。

注
(1) ただし、この判定基準をイコール「標準語」と見做すべきかどうかについては論のあるところである。

参考文献
大原穣子(1991)「今どきの若いもん」NEWSLETTER『日本語音声』11
生越直樹(1991)「日本語教育と方言」『新・方言学を学ぶ人のために』世界思想社
真田信治(1991)「社会言語学から見た言語変化」『日本語学』10-4
陣内正敬(1988)「言語変種とスピーチスタイル」『日本語学』7-3
田辺聖子(1985)『大阪弁おもしろ草子』講談社
徳川宗賢(1984)「標準語かどうか」『国語学』136

(1992.3)

13.「臨床ことば学」への期待

本章は、道浦俊彦著『「ことばの雑学」放送局』(PHP 文庫、2003)の〈解説〉である。

1 地域語の復権

「正しい日本語」「美しい日本語」といったものを学びたいという人が近年急激に増えています。いわゆる「日本語ブーム」です。日本語そのものへの関心の高まりは以前にも何度かありましたが、このところのブームはそれとやや性格を異にし、実用的な面での関心の高まりに特徴があるように思われます。就職難の時代、日本語能力を「資格」として身に付けようとする姿も見え隠れしますが、そのような志向の背景に、「標準日本語」を唯一の規範として日本語ピラミッドの頂点に据えるような意識が潜在していて、その立場から生活日本語を糾弾するような動きがあるのだとすれば問題です。生きた言語としての生活日本語は、単一的視点から決めつけられる価値や美醜とはかかわりなく、社会のなかで接触と混交を繰り返し、ダイナミッ

クに変転し続ける存在です。

　生きた言語、特に地域語の復権の動きが最近目立ってきました。日本語のことはさておき、たとえば、クイーンズイングリッシュの本場、英国でもこのところ"back to local"（地域回帰）現象が進行しているようです。日経新聞の最近のコラムによれば、英国サッカー界最大のスター、ベッカム選手は出身地のイングランド南部、エセックスの訛りを売り物にしているといいます。そして、このように地方出身の有名タレントなどが堂々と方言で話す機会が増えるにつれ、昔ながらの気取った標準英語より、出身地の方言で話す方がクールで自己主張ができるという考えが若者の間に広まっているともいいます。

　世界的に言語の多様性を大切にしようという機運があります。そういう大きなグローバルな流れのなかに現在の方言に起こっている情況、つまり方言を見直そう、大切にしようという動きも組み込まれているのだと思います。歴史的には、ベルリンの壁の崩壊、そして1990年代に入ってからのソビエト連邦の崩壊といった時代の変化があります。そのあたりから世界の言語学界で少数言語、"endangered language"（消滅の危機に瀕した言語）研究の重要性が特に主張されるようになりました。多様性のなかでこそエネルギーが生まれるのだという思潮です。

　現代は〈個〉の時代。個人個人が自己実現を追求する時代です[補1]。個人であれば当然多様性が出てきます。ことばの多様性の見直しも、そういう流れのなかで必然的に出てきているのです。

2　東京に取り込まれる大阪弁

　読売テレビ放送の道浦俊彦さんはワード・ウォッチングの名手です。しかも機動力を駆使して組織的な取材（データ収集）ができる体制のなかにいて、私などにとってはまことにうらやましい立場の人です。最初の出会いは、多分、私が道浦さんの「平成ことば事情」でのインタビューを受けたときであったかと思います。以来、同じウォッチャー、フィールドワーカーとして、深い交流があります。

　道浦さんの主たる活動フィールドは関西です。関西に視点を置きつつ、現代のことばの動態を執念く追跡します。道浦さんは「雑学」と卑下しますが、本書のどの項目の記述を見ても、道浦さんのシャープなセンスが光っています。そこにこそ現代社会の実相が見えるのです。

　さて、「ど真ん中」「ど根性」などということばは、本書にもあるように、もともとは大阪弁です。東京では「ど真ん中」は、本来「まん真ん中」と言いました。しかし今では東京でも「まん真ん中」と言う人はほとんどいなくなりました。特に「ど真ん中」の場合、これを典型的な大阪弁だと意識する人は多分少ないでしょう。一旦東京に入り込むと、それが今度はメディアによって全国に逆流します。発信地が東京なので、大阪弁と意識されることがないわけです。

　たとえば、「まったり」ということばも本来は関西（上方）弁で、「まったりした味がする」のように言って、辛すぎたりしない穏やかな味についての表現が普通であったのですが、近年では、そのような雰囲気とか気分を表すものとして全国的に使

われるようになりました。その過程や運用の様相も本書で詳細に追跡されています。
　東京に取り込まれた関西弁としては、ほかにも「しんきくさい」「しんどい」「あほ」などがあります。最近では、自分自身のことを言う「うち」「うちら」なども取り込まれつつあります。「うちら」については私どもの調査結果も引用していただいていますが、これらのどの項目においてもすでに東京での使用率は過半数を超えているのです。東北地方や九州地方などでも、これらは若い人たちの日常の使用形式となっています。
　ところで、「しんきくさい」は、本来は「思うようにならなくて、じれったい。気がくさくさして、めいってしまう」といった意味を表すもので、西日本一帯に用いられたものなのですが、近年は「暗くてうっとうしい。ぐずぐずしている」といった新しい意味で各地に広がっています。このような東京での新しい言い方は周辺に普及する強い力を持っています。現在の東京新方言のなかには地方から取り込まれたものが多いのですが、一度東京で使われると急速に全国に波及するのです。
　大阪弁が東京の若者たちに魅力を持って受け入れられている理由は、やはり新奇を求める心理でしょう。さらには自分たちのレパートリーに欠如している部分を補完するということもあるようです。各地で行った大阪弁のイメージ調査の結果では、≪ストレートに表現するが、どこか温かい≫≪勢いがあって面白い≫などの回答が多かったのですが、これはまさに今までの東京のことば、あるいは標準語には欠けていたものでした。
　たとえば、

「ほんま、くそ寒いなあ」
「おかあちゃん、家で凍え死んでるんとちゃうか」

などといった乱暴でぞんざいな表現を含む会話パターンが、今日各地の若者たちにどんどん伝播していっているように見えるのです。これらの表現も、あくまで言語行動の、いわば進化なのだ、と私は捉えています。

3 ヅカコトバの影響

道浦さんは、2000年の9月から半年間、大阪大学大学院文学研究科の日本語学講座に、企業からの「委託研究員」として在籍し、現代日本語のバリエーションをめぐる社会言語学的調査研究を進行させました。その中心テーマは、関西における地域語の動態に関する記述、考察でした。関西圏の、特に若年層のことば事情を実地に取材し、そのさまざまなバラエティの実態と変容の様相を緻密に分析しました。そして変化の要因を社会学的、心理学的視角から解明したのです。

私の社会言語学・方言学関係の講義・演習には毎回必ず出席し、活発に討議に参加してくれました。たとえば、打消過去の表現の京都での元来の形は「来はしなかった」を例にとると、「キヤヘナンダ」でしたが、これが後に「キーヒンカッタ」の形に変化するのです。道浦さんは研究文献を渉猟しつつ、この「キーヒンカッタ」の形について、〈標準語の影響と見るべきで、大正初年に始まった宝塚歌劇のいわゆるヅカコトバの影響と考えられる。この「塚言葉」が以降の京阪神方言の変化に大

きな作用をしている。それは江戸期の新町あたりの「廓詞」に匹敵する。〉という説がすでに戦後まもなくに存在したことを発掘しました[1]。

　また、「土日」ということばですが、大阪ではこれを「ドーニチ」と二語で言うのが本来でしたが、近年の週休二日制の定着とともに「ドニチ」という単語が一般的になってきました。この「ドニチ」のアクセントは初め〇〇●と最後が高い(低起無核)形に発音されていましたが、道浦さんは取材によって、最近の若年層では〇●〇と中高の(低起有核)形に発音する人が多くなってきていることを明らかにしました。これは私が提唱した関西新アクセント形生成の理論を現場で実証するものでした。

4　「臨床ことば学」

　最近、〈臨床的な知〉の構築ということがしきりに言われます。それは文化の諸次元、とりわけ研究者と問題発生の現場、専門家と一般市民との間に架橋するという立場からのもの言いです。多様化する現代社会のなかで、特に専門家と非専門家をつなぐ新しいコミュニケーションの形態が模索されています。そのような観点において、道浦さんはそれらのネットワークの核となりうるべき人であると私は考えています。道浦さんに「臨床ことば学」を期待する所以です[補2]。

注
(1) 楳垣実「京都方言」(『国語学』第4輯 1950、10)に「ヅカコトバ(塚言葉)」の記述が見える。

(2003.5)

補注
(1) 日本国憲法の第13条は、個人の尊厳を掲げ、「全て国民は個人として尊重される」と定めている。そして、個人の尊厳を守ることが最大限に尊重されるべきである、としている。この「個人」ということばを憲法から抹消し、単に「ひと」という表現だけにしたいとする主張が一部でなされつつあるが、そのような流れには抗したいと考える。
(2) 「臨床ことば学」の内容と具体的実践については、札埜和男『法廷における方言―「臨床ことば学」の立場から―』(和泉書院、2012)を参照されたい。

14. 私が勧めるこの1冊

『言語史研究入門』亀井孝・山田俊雄【編】

　本書は平凡社発行の『日本語の歴史』シリーズ（7巻）の別巻として編まれたものである。初版の発行は1966年。編集委員は亀井孝・山田俊雄のお二人、執筆は亀井孝・河野六郎・柴田武・山田俊雄の4名である。「あとがき」によれば、「本書は、これをあらかじめ第一部と第二部とに分け、第一部を亀井孝、第二部を山田俊雄と、いちおう、その責任を分担してことにあたった。すなわち、第一部は言語史の研究方法に関することがらをとりあげ、第二部は言語史を操作するその基礎として、文献学にかかわることどもをあつかった。」とある。

1　研究の原点

　本書は私の研究の原点となった一冊である。そのことについて今日まであまり他人に話さなかったように思う。いつぞや徳川宗賢先生からの下問があった折、そのことを話したのだが、「あなたはその世代なの、意外に若いんだねえ」と言われた記憶がある。その「若さ」とは徳川先生の世代から見て、という

意味であったのだろう。

　このたびの執筆に当たって、本書を改めて読み通してみた。そして、私のいままでの研究軌跡は本書の内容(特に第一部における亀井孝のコメント)に沿って、というか、まさにその線上において展開してきたのだということを再確認した次第である。

　いままで、「ことばの変化のプロセスを究明するためには、単に歴史上の変遷の結果を記述するだけでは不十分だと思います。その解明のためには、変遷の背景にある、政治的、社会的、あるいは時代の心理的情況を考慮に入れながら、変化の進行途上を観察することが肝要だと考えます。」(拙書『よくわかる日本語史』アルク、1999)などと生意気なことを言ってはきたが、その立場の原点は本書にあった。私など、所詮、釈迦の手の中における孫悟空のようなものでしかなかったと思いしらされて、実は忸怩たる気分にもなっているのである。

2　言語地理学との出会い

　私が本書を購読したのは、金沢大学での学部3年生のときであった。当時、指導を受けていた岩井隆盛先生が紹介してくださったのだったかどうかははっきりしないのだが、本書第一部第四章の「言語地理学の寄与」を読んで、言語の地域差から言語の歴史を再構する「言語地理学」という学問分野を知って感動し、言語地理学を勉強したい、と岩井先生に申し出たのであった。岩井先生は、その部分の原稿を執筆している柴田武という人は東大の言語学研究室での後輩だから紹介してあげる

14. 私が勧めるこの1冊『言語史研究入門』亀井孝・山田俊雄【編】

よ、とおっしゃった。そのことが鮮明に脳裏に残っている。もちろんそのときは畏れ多くて辞退したのであったが、それが柴田武という名を心に留めた最初であった。それは1966年、時あたかも『日本言語地図』第1巻発刊間近の頃である。本書で紹介されている糸魚川言語地図にかかわる論文を片端から収集した。私は言語地理学の虜になった。有志を募って、「言語地理学研究会」なる会を立ち上げ、数人で論文を読みあさったものである。

本書のなかに加藤正信先生の調査になる佐渡島での「猫柳」の方言語形を材料にした言語地図の作成過程と分布模様の解釈がある。

まず、(1)ジョージョー類、(2)ニョーニョー類、(3)鳴き声類、(4)猫花類、(5)ネコネコ類のように分類して分布図をつくると、それは雑然としたものでしかない。ところが、分類を変えて、(1)イヌ類、(2)ネコ類、(3)イヌネコ類のようにして地図を描くと、秩序のある分布図がえられる。海岸沿いは一帯にネコ類、海岸から遠い内陸はイヌ類、そして、その中間にイヌネコ類が分布している。そこで、この島の交通の歴史を調べてみる。これが言語外の要因である。この島の港は時代によって変遷があるが、文化の中心はつねに内陸にあった。ことに中世における文化の中心地は、イヌ類の分布する国府である。このことと言語の分布図とをつきあわせれば、もっとも古いのがイヌ類、つぎにイヌネコ類、もっとも新しいのがネコ類ということになる。　　（283〜284ページ）

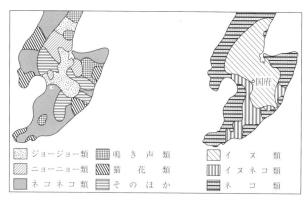

図20 「猫柳」の方言分布（佐渡島）

　この後者の分類が、ただ一つの真実を表現する分布の発見につながったことは否定しない。が、問題はイヌ類とネコ類の新古関係についての解釈である。ネコ類は中央部から離れた海岸部に連続して周圏的に分布しているのである。文化の中心地が内陸部にあったのであれば、言語の改新はそこで行われたはずであり、そこに集中して分布しているイヌ類はネコ類よりも新しいものなのではなかろうか。ネコ類の語形が共通語のネコヤナギとも系譜的にかかわるものだとすれば、ネコ類はむしろ古いものなのではなかろうか。このことを研究会のメンバーと話題にしたことがあった。その疑いはいまも晴れてはいない。

　私は、1968年、金沢大学から東北大学の大学院に進学した。ちょうどこの年に国立国語研究所で『日本言語地図』の作成にたずさわっていた加藤正信先生が東北大学へ転任してこられた。加藤先生は金沢時代の研究会で話題にした、まさにその人。私にとってはまたとない僥倖であった。しかし、上の疑問

を加藤先生に投げかけることもなく過ごしてきた。加藤先生との出会いの日から、すでに数十年もの歳月が経過している。今になってこんなことを言い出しても証文の出し遅れであろう(補1)。

　その解釈の当否は別としても、上掲の文章に続く以下の表現における、「端正な——エレガントな——解釈」というフレーズは、私の研究において、論述法において、一貫してモットーとしてきたところである。

　　構造言語学が、端正な——エレガントな——解釈、すなわち、秩序があって、簡単な構造がえられるまで、抽象と分類をつづけてゆくように、言語地理学では、きれいな分布がえられるまで地図を描きなおす。分布がある！　それもきれいな分布がある！　それは言語地理学者にとって信念にちかい。
　　　　　　　　　　　　　　　　　　　　　　　（285ページ）

　もっとも、エレガントな描き方は描き出される対象に整序が潜んでいるからこそ可能であり、そしてそれは研究主体の技量のなせる業であるとしても、あまりにもきれいに見えるような体系の構築は、逆に胡散くさいのではないかという醒めた見方が現在の私の中に生じてきている。それはたとえば、かつての生活語彙体系の記述を話者の記憶に頼って構築するといったような場合である。われわれは、辿ってきた真っ直ぐな道を振り返って、その始発点を遠くに見ると、それはまさに点のように見える。しかしながら、その始発点に戻れば、そこはやはり点ではなく、そこには同じ幅の道があるだけである。話者の人生

における幼年時代を振り返ってもらう場合においても、同じような錯覚が生じるのではないだろうか。きれいな体系が存在する(した)ように思えるのは、ひょっとして、話者による合理化の結果なのではなかろうか、といった反省である。きれいに見えるものほど怪しいものなのではないか、とする懐疑の心が私自身のなかに生じつつあることも事実なのである。

3 社会言語学へ

　言語地理学の魅力は何といってもその方法論にあった。方法論に従って地図を描く。そして美しい分布が出るたびに一喜一憂したものである。しかし、ここに落とし穴があったように思う。面白い項目だけに目がいき、結果として言語の周辺的、枝葉的な部分しか扱うことをしなかったからである。また、解釈の技術には長けたが、方言の形成など、分布の本質を深く考えることを避けるきらいがあった。フィールドで得た材料を分析する折の興奮、歓喜に対して、地元の方言愛好家たちがどうもあまり乗ってはこず、どちらかといえば無視する態度さえも感じることがあった。糸魚川言語調査においても同様の傾向があったのではなかろうか。糸魚川に関しては、この調査を主導した柴田武先生が、かつて、「調査地域は、実は、どこでもよかった」と述懐されたが、あくまで言語地理学の方法論を検証するためのとりあえずの最適な場として糸魚川が選ばれただけであって、糸魚川という地元方言に関心があったわけではないからである。

　私の構造言語地理学、そして後の社会言語学への転回点はこ

のあたりにあった。私は言語地図を作りながら、どうしても地図にプロットするデータが、構造的に見た場合、いかにも枝葉的な部分である上、その地点の実態の限定された一部にすぎないことに不満が残るようになった。おじいさんの回答形はこれなのだが、では、おばあさんの場合はどうなのか、特に若い人はどうなのか。それを知りたいと思うようになったのである。地理的な面だけでなくて、地点ごとの年齢との相関を知りたくなったのである。大学院時代、仙台で下宿屋の隣部屋にいたのが物理学専攻の学生だったので、夜中に彼にいろんな議論をふっかけ、また方法論を学んだ。語ごとに年齢と地点との相関をある函数で表すことができるのではないか、そのことによって語の集合としての語彙の変化と個々の語の属性が類型化できるのではないか、などと考えるにいたったのであった。今日言うところのグロットグラムの発想である。

4 言語の変化

言語の変化について、本書には次のようにある。

人間を離れて〈言語というもの〉がありえようはずのないことは、説くまでもないことがらである。つぎに、それならば、理の必然として、〈言語の変化〉が、〈人間の歴史〉の一つの姿であることも、これまた、いうまでもないことであるにちがいない。したがって、〈歴史〉ということばを〈言語の変化〉について用いることは、これまた、どこまでも正しかるべきである。ここで問題となるのは、〈歴史〉というこ

とばについてではない。問題は足もとにある。すなわち、素朴に〈言語の変化〉ということを口にのぼせはするものの、その〈変化〉とは、そもそも、いかなる意味のことばとしてこれを理解すべきなのであろうか。くどくいいかえれば、一口に〈言語の変化〉とはいうものの、この場合、はたして、なにが変化するのであろうか。　　　　　　　（14ページ）

まさに亀井節の炸裂である。私は、『新版　日本語教育事典』（大修館書店、2005）での「言語の変化」の項目において、冒頭、「ことばは、時の経過とともに移りゆくものである。同じ人が使っていることばにも、歳月の経過とともに微妙な変容が生じる。また、子どもが親からことばを習得していくときを観察すると、その習得したことばは親のことばと必ずしも等しくないことがわかる。すなわち、一つの言語集団において、世代から世代への引き継ぎのあいだにも言語は変化するのである。」と述べた。このコメントを書いているとき、本書のことなど、まったく意識の圏外にあったのだが、今回、本書を再読してみて、改めて、無意識とはいえ、私の考え方の深層に亀井の思考と同様のものがあることを思いしらされた。本書での記述が私自身の頭のすみのどこかに刷り込まれていたのではないかと思うにいたったのである。また、いわゆる「ネオ方言」の生成をめぐっても、変遷（世代交替）と変化（習得過程）との違い、そのかかわりなどについて得々と述べてきた私ではあるが、そのこともすでに本書では、以下のように的確に表現されている。そのことも少しばかりショックであった。

〈言語に変化がある〉という形で問題を考えるにしても、変化するのは、いったい、なんなのであろうか。いずれにせよ、ここで忘れてはならないことは——くりかえすまでもないことながら——、人間をはなれて言語があるわけではないことである。したがって、まず考えられることは〈言語〉の担い手の交替である。ある集団のなかに生きる人びとは、ふつう、その生涯をかけて、その集団の言語を習得し、使用し、そして、そのあいだにこれをつぎの世代に伝えつつ、ついにみずからはしりぞいてゆく、そういういとなみをくりかえしている。かくて、人の口から口へと、いわば口うつしに、ことばの受けわたしはくりかえしおこなわれる。現実には、この過程をはなれて〈言語〉の実相はない。このような過程において〈言語という・も・の・〉は、一刻といえども〈もの〉として固定はしていずに、浮動しているであろうこと、これは、むしろ当然である。それをそういう〈・も・の・〉という形で私たちがとらえ、かつそういう線でその性質を考えることがゆるされるのは、浮動はしていても、そこにまた、くりかえし実現される型があって、それまでも瞬間ごとに転々として変わってゆくわけではないからである。いな、このような型としては、おおむね、それは相対的にかなり長い時間にわたって安定をたもちつづける人間現象である。一個の原子爆弾は一瞬にして広島の人口の、また長崎の住民の、そのおびただしい部分を消してはしまったが、しかも、むごたらしい、この民衆の集団殺戮によって、ただ一つ、いわばびくともしなかったもの、それは、彼らのことば（言語そのもの）である。一定の言語集団が、なおそれとして存続するかぎり、

個人個人は死んでも、その言語は、その集団の内部においては維持される。つまり、言語そのものは、社会の遺産としてのこるわけである。いな人間の、その言語現象のうちから、私たちは、言語学が可能となるある対象を、その現象の一つの正しい把握のために、すでに直観的に抽象している。それを、私たちは、言語そのものとかりによぶのである。さてそうよんではみるものの、それそのものは、では、どんなものか——。学問の議論はつきないゆえんである。逆説的にいえば、学問が死なないゆえんである。　　　　　（15～16ページ）

5　言語と人間

次のようなコメントも示唆的である。

言語を、言語そのもののために研究するということは、それがそれだけにとどまってしまっていいということではない。日本語を、言語そのものとして、厳密に分析し記述するために、それが、いつ、どこで、実際に用いられたか、それを用いたのは、どのような人間の集団であったか、そういったことを捨象して研究をおこなうとき、これは、言語そのもののための研究としては、純粋な姿を呈するものとなりもしよう。しかし、そのようにしてとらえられた言語としての日本語は、たとえ、これを日本語とよんでも、日本語をささえになう日本人とその歴史とをはなれて、抽象の世界に浮いてしまった。その意味では、無内容のものでしかない。
（10ページ）

本書は 1960 年代の発刊のものゆえに「社会言語学」という用語での名乗りはないが、このように説く本書は日本における「社会言語学」のまさに原典とも言えるものである。

　言語と人間、そしてその社会のかかわりの重要性を説く本書は、1970 年代以降の「社会言語学」を〈田植え後の田圃の稲〉にたとえるとすれば、さしずめその〈苗代〉にもたとえることができよう。言語史を専攻する若い人たちには、「専攻の学徒が狭義の言語史の研究に身をやつしていると映るとすれば、それには、それなりのアカデミックな意味はあるわけである。問題は、おのれのいとなみとしては、ささやかな実証のしごとにうちこんでいるときも、狭義の言語史として切りとられたその枠のそとにもっと具体的な、生きた人間の世界があることを忘れてはいないか、どうかにかかわる」と述べる本書を、また、構造主義記述言語学を標榜する人たちには、「私たちは、構造主義にとらわれる必要はない。構造の立場から歴史をみるのではなしに、自覚的に歴史の構造を浮き彫りにしてみるべきであろう。もし主義ということばをあえて使うならば、歴史の非合理性を現実に追究するという意味で、私たちは非合理主義の立場にたつ者でありたい」と述べる本書を熟読してほしいものである[1]。

注
(1) 本書は、2008 年に平凡社ライブラリーとして新版が刊行されている。

（2009.8）

補注

(1) その後、加藤正信先生に直接伺う機会があり、先生から、「そのような解釈の方が妥当かもしれない」との言質を得ている。

15. 名著と遭い、人と会う

1　金沢で

　金沢での学生時代は近代文学を志していた。テーマは石川啄木研究にしようなどと考えたこともあった。しかし、休みでふるさとに帰省していたある日、偶然に手にした本によって、やってみたいと思うことが一変した。その瞬間をいまでも鮮明に思い浮かべることができる。それは、佐伯安一著『砺波民俗語彙』(高志人社、1961)という方言集であった。方言による生活実態の活写という興味深い内容もさることながら、そのデータ採録の範囲について、「ここに集録した語は富山県の西部、砺波市・東礪波郡・西礪波郡で使われている民俗語彙を中心とした方言である。但し五箇山(東礪波郡平村・上平村・利賀村)の分は除いた。採集が少ないのと、ここは文化圏からみて砺波と異質的であるため。将来ここだけを範囲とした方言集が編まれるべきだと考えたからである。」とあったからである。五箇山出身者として、それならばやってみようという気持ちがわきおこってきたのであった。そこで、この書の記述にならい五箇

山方言の接辞についてまとめ、近代文学のサークル同人誌に載せたのが私にとって最初の方言レポートとなった。しかし、その同人誌はずっと以前に散逸したままでいまだ見つかっていない。

国立国語研究所に勤めはじめた頃、上司であった飯豊毅一部長から、理想の方言集を選ぶようにとの下命があった折、まっさきに挙げたのはこの書であった。飯豊さんの推薦によるのだと思われるが、この書が、『富山県砺波方言集』と名を変え、国書刊行会から復刊されたのは1976年のことであった。今日においても、この書は、特に生活領域の分類において、また語彙の排列において、方言集のモデルとなるものだとする私の評価は変わってはいない。

著者の佐伯安一さんは現在、富山県民俗学界の重鎮である[補1]。佐伯さんの研究の集大成とも言える『富山民俗の位相』(桂書房、2002)には、次のような記述があって驚いた。

> 昭和29年の暮れ、私は無謀にも職を捨てて上平小学校成出冬季分校の教員になった。五箇山の民俗調査を一生の仕事にしたいと思ったからである。山に住んで、上平中学校長をしながら『五箇山民俗覚書』を書いた石田外茂一さんのことが頭にあった。しかし、そのころから教員の門が狭くなって、五箇山生活は一冬で終わった。

私が上平小学校(本校)に入学したのは昭和27年である。佐伯さんと私は古くから接点があったのだ。

2 仙台で

　大学院は東北大学に進んだ。進学後しばらくして例の大学紛争が起こり、さまざまに翻弄されたが、それが落ち着いた頃であったかと思う、国語学研究室の棚にあった300個ほどの箱やファイルが目に入ったのである。それは「小林資料」と称される、昭和23年の2月、定年退官直前に急逝した小林好日教授の東北方言調査資料そのものであった。そこで私は研究室の佐藤喜代治先生と加藤正信先生に、その資料を整理して内容を分析したい旨を申し出、許諾を得たのであった。

　整理を進めるなかで、小林好日その人にも興味を抱くようになった。小林は昭和9年、東北帝国大学国語学講座に、山田孝雄の後任として着任、翌年教授となった。それまでは文法史を中心とする研究に従っていたが、仙台着任後、東北方言の研究に力を注ぐことになる。江戸っ子であった小林が耳慣れない東北弁のなかで暮らしはじめたことがそのきっかけであった、というようなことを、私は後に(助手時代に)奥様からうかがったことがある。なお、奥様はその後もずっと仙台で暮らされ、平成6年に98歳の天寿を全うされた。

　小林好日の調査研究の成果は、まず、『東北の方言』(三省堂、1944)として出版された。さらに小林は国語史的な観点に言語地理学的な観点を加味して「方言語彙学的研究」をまとめ、京都大学に学位申請論文として提出し、学位を授与されたのである。しかし、敗戦直後の生活難からくる栄養不良や過労のため風邪をこじらせ肺炎を併発して亡くなったのであった。その学位論文をもとに、小林の後を継いだ佐藤喜代治先生を中心とす

る方々の尽力によって、研究室に残されていた草稿がまとめられ、公刊されたものが『方言語彙学的研究』(岩波書店、1950)である。これは、西欧の言語地理学の理論に基づいて、方言の分布から語の歴史を再構成することを、日本語について、具体的資料として東北方言を用いて展開した先駆的な著書である。1974年に再版されている。

　小林好日その人にも関心を持ったがゆえに、小林が東北大学への着任の初期に上梓した『日本文法史』(刀江書院、1936)を熟読したこともまた大学院時代の懐かしい思い出である。この書は、日本文法の史的概説としては最初のものと認められていたものである。

3　韓国で

　かつて韓国のある学会からの招請講演で渡韓した折、彼国の国語学者、張泰鎮先生から、戦後にソウルの古書店で手に入れたのだという、雑誌『言語研究』の第一号を頂戴する幸運に恵まれた。それは1939年1月に三省堂から発行された日本言語学会の機関誌創刊号であった(編輯者、小倉進平)。私にとって奇遇に思えたのは、そのなかに上掲、小林好日著『日本文法史』の書評が載っていたことである。評者は亀井孝であった。

　そして、驚くべきことには、この冊子の新刊紹介(書評)の部分に、赤ペンによる詳細なコメント(落書)が記されていたのであった。それは評者、亀井孝の言辞に対する反論的見解の表明であった。

　たとえば、コメントには、総括的な見解として、次のように

述べられている。

> 批評ノ個ノ条項ニツイテハ賛成ノモノガ多イ．併シ評者ハ是非著者ト共ニ物ヲ考ヘルトイフ雅量ガ望マシイ．ヤッツケル積リナラバ堂々ト体系デ立チ向フベシ．欠点ダケヲ箇条ガキニカキ立テルノハ自体評者自身ノ人格ト力トヲ疑ハシメル．眼光点ノ如キヲ思ハシメル．マタ斯クノ如キ、人格ヲ疑ハシメ、眼光ヲ疑ハシメル様ナ新進ノ出ルコトハ大学教育ノ失敗ヲ証スルモノデハナイカ．

そして、書評での、「この書に対し、筆者は、文法史の概念や方法、またはその取扱範囲や全体の組織などといふ問題には一応いつさい触れないこととする」といった表現に対して、コメントでは、

> 自己ニ体系ヲ持合サナイモノガスル批評モコノ様ナヤリ方デアル

と断じているのである。

また、「事実に疑問が抱かれる点や、補訂した方がいいかと思はれる点に対して、意見を述べさせてもらふ。やや細かい詮議だてもあろうけれど、すべては厳正を欲する学的良心からと諒せられたい」といった表現に対しては、

> 細カイ詮議結構デアル．教ヘラレタ所ナド細カクハッキリ白状スレバ可也

と述べている。

そして、「ここまでに亙つて活用の成立を述べ、結論として、国語の動詞の原形を、一は母音変化によるものでつまり四段活用、一は接尾語添加を原理としたものであるが、それが母音変化の原理を取入れて上・下二段を生じ、上一段活用は、もとの接尾語添加の動詞の俤を残すものとみてあるが、結局これは憶見を出ないであらう。ことに、二様の相違を民族的な言語の差に結びつけてみる点は全くの仮説にすぎまい。少し失礼な言ひ方かもしれないが、かういふ空想に近い説を述べるまへに、今日の日本文法史としては、もつと実証的記述が要望されてゐると思ふ」という書評に関しては、

　憶説、仮説ト一口ニ片付ケナイデ、内容的ニ批判スルガヨイ．何故ニ動詞ニ色々ノ活用ガアルカト考ヘラレタ末ニ提出サレタ新説デアル．コノ新説ニ対シテ敬意ヲ払フベキデアル

と指摘しているのである。

一方、「『知らす』『聞こす』『思ほす』『織らす』を転音と呼んであるが、実際はこの方が古形であり、また本来の形であって、決して転音の結果生じたものではあるまい」という書評に対しては、

　コノ説大イニ可也

として同意している。

さらに、書評での、「『まらす』を元禄頃にも用ひたとして歌

舞伎狂言本の萬歳丸から二例を出してあるが、元禄の『まらす』が奴言葉としての特殊な存在であることは勿論小林氏も御承知のこと、思ふ」といった表現に対しては、

「特殊ナ存在タルコトヲ断ッテオキタイ」トイフベキデアリ、失礼デアル

とも書いているのである。

　このコメント（落書）の書き手は一体誰なのであろうか。内容から判断して、かなりの専門家であることが分かる。この冊子はソウルの古書店に売られていたものであるので、私としては、その書き手はひょっとして当時の京城帝国大学の言語学・国語学関係者なのではないかと推測しているのである。それは、筆跡鑑定によって明らかになるはずのものである。

　いずれにしても、亀井孝先生の存命中にこのコメント（落書）をお見せしたかったのである。はたして亀井先生はこのコメントにどのようにお応えになるであろうか。

(2007.4)

補注
(1) 佐伯安一さんは、2016年8月3日に逝去なさった。謹んで御冥福をお祈りする次第である。

出典一覧

1. 「標準語」とは何か(『脱・標準語の時代』小学館文庫 pp.7-11、2000.5)
2. 標準語・共通語(『日本の多言語社会』岩波書店 pp.293-295、2005.10)
3. 江戸語はいつ共通語になったか(「言語」27-1、1998.1)
4. 『夢酔独言』に見る末期江戸語の方言(「国語と国文学」65-11、原題：末期江戸語における方言的背景、1988.11)
5. 国民国家としての「国語」へ(『標準語の成立事情』PHP文庫 pp.60-103、2001.9)
6. 方言の盛衰：大阪ことば素描(『関西方言の広がりとコミュニケーションの行方』和泉書院 pp.3-18、2005.12)
7. 標準への集中と逸脱(『諸方言のアクセントとイントネーション』三省堂、pp.217-224、原題：音声の社会言語学、1997.7)
8. 階層性から一律化へ、そして標準的に(「阪大日本語研究」9、1997.3)
9. 日本学のゆくえ(「言語」17-9、1988.9)
10. "山田孝雄"のこと(「阪大日本語研究」10、1998.3)
11. 国語教育のイデオロギー(「言語」18-10、1989.10)
12. 方言の情況と日本語教育(「日本語教育」76、1992.3)
13. 「臨床ことば学」への期待(『「ことばの雑学」放送局』PHP文庫 pp.421-427、2003.5)
14. 私が勧めるこの1冊『言語史研究入門』(「日本語学」28-10、2009.8)
15. 名著と遭い、人と会う(「日本語学」26-5、2007.4)

あとがき

　ひつじ書房主の松本功さんから、「日本語の動態」に関する既発表の拙論を集成したシリーズ本を編むようにとのお勧めをいただいたのは、2016年の盛夏のことであった。

　私としては、フリーになれたとはいえ、ある種の空虚感に浸っていた時期で、躊躇するところがあったのだが、しばらくの逡巡のあと、〈言語変種〉〈言語接触〉〈言語計画〉〈言語習得〉をキーワードに、4つのテーマ(「標準語史と方言」「地域・ことばの生態」「アジア太平洋の日本語」「ことばの習得と意識」)を設定して、各テーマに適う拙文を選び、テーマごとに論述を一本に紡いでみようと考えるにいたった。

　私は、この小シリーズ(全4巻)を斯界に呈して、厳しい御批評・御教示を仰ぐことで、蘇生への実感を得たいと思う。

　編集に当っては、拙論間で記載内容が重複する部分をカットしたり、語句の表現の一部に変更を加えたりしたところがあるが、基本的にはもとの論述の内容をそのまま踏襲している。

　楽しみながらこの仕事を進めることができたのは、松本さんのお蔭である。また、出典の検索と編集作業を助けてくださったひつじ書房の相川奈緒さんと兼山あずささんにも感謝する。

2017年師走、東京・日暮の里にて
真田信治

索引

A-Z

J・C・ヘボン　45
J・J・ホフマン　45

あ

アクセントのゆれ　143
誤れる回帰　94
イエスシ読本　65, 70
石黒魯平　70
位相語　42
上田万年　58
打消過去表現の分布　30
梅棹忠夫　7
江戸訛　10
『大阪府言語地図』　75
大槻文彦　47, 132
岡倉由三郎　58
岡野久胤　59
『沖縄対話』　63
御国ことば　12
尾崎紅葉　55
音的フィルター　91

か

会話伝習所　63
会話パターン　167
係助詞　126
学習指導要領　5, 149
訛語　42
家族内地位名称　108
『かたこと』　37
荷田春満　135
勝小吉　17, 18
仮定表現　34
加藤正信　173
亀井孝　172, 186
関西弁三大キーワード　72
「漢字御廃止之議」　51
漢字制限論　53
漢字廃止論　52, 57
神田孝平　54
簡略化　34, 86
機能的概念　6
逆行同化　79
『旧藩情』　14
『狂言田舎操』　10
共通語化　152
「くにぐにのなまりことばについて」　48
言語交替　99
言語生活　111
言語地理学　172
言語伝説　13

言語の島　11
言語の変化　177
言文一致会　56
『口語法』　60
『口語法調査報告書』　61
『口語法別記』　60
口上　11
構造的概念　6
『広日本文典別記』　47
国学　114, 135, 136
『国学の本義』　114, 135
国語調査委員会　56, 57, 59, 132
国字改革論　53
国立国語研究所　2
越谷吾山　43
小林好日　185

さ

佐伯安一　184
嵯峨の屋御室　54
サ行子音の弱化　76
式亭三馬　10
下町ことば　43, 55
柴田武　173
島野静一郎　50
清水紫琴　54
社会言語学　111, 176, 181
集合調査法　108
集団語　85

首里語　63
小学校指導要領　149
『庄内浜荻』　40
助詞の「は」　125
心情可能　145
『尋常小学読本』　65
心情的能力可能　81
新方言　85
生活日本語　163
『創学校啓』　135

た

対応変換　81, 94, 97, 154
第二標準語論　7
地域語の復権　164
陳述　127
ヅカコトバ（塚言葉）　167, 169
テレビ言語の干渉　72
テレビで用いられることば　89
統覚作用　127
等差　100, 101, 108
『砺波民俗語彙』　183
富山市アクセント　91

な

『浪花聞書』　44, 75
南部義籌　51
日本学　115
『日本文法論』　122, 130

二枚舌主義　70
ネオ(回帰)方言　97, 153

は

バイリンガリズム　67, 70
拍内下降音調　95
発音式仮名遣　50
晴の領域　3
表現のゆれ　155
「標準語に就きて」　58
福沢諭吉　14, 52
武家ことば　11
二葉亭四迷　54
普通詞　45, 69
『物類称呼』　43
方言指導　157, 158
方言札　68
方言撲滅　68
補助動詞の「オル」　26
堀季雄　40
本江戸　10

ま

前島密　12, 51
道浦俊彦　165
三宅米吉　48
『夢酔独言』　17
「文字ヲ改換スル議」　51
本居宣長　126, 135

や

安原貞室　37
山田美妙　54
山田孝雄　120
謡曲共通語　13

ら

ラジオ放送　67
歴史的仮名遣　50
レジスター　9, 79
連母音の音訛　28
ローマ字論　51

わ

『和英語林集成』　22, 45

【著者紹介】

真田信治（さなだ しんじ）

大阪大学名誉教授。
1946年、富山県生まれ。東北大学大学院修了（1970年）。文学博士（大阪大学、1990年）。国立国語研究所研究員、大阪大学大学院教授などを経て現職。専門は、日本語学・社会言語学・接触言語学。

真田信治著作選集　シリーズ日本語の動態　第1巻

標準語史と方言

The History of the Standard Language and Dialects in Japan
SANADA Shinji

発行	2018年3月9日　初版1刷
定価	1800円＋税
著者	ⓒ 真田信治
発行者	松本功
装丁者	大崎善治
印刷・製本所	三美印刷株式会社
発行所	株式会社 ひつじ書房
	〒112-0011 東京都文京区千石2-1-2 大和ビル2F
	Tel.03-5319-4916　Fax.03-5319-4917
	郵便振替 00120-8-142852
	toiawase@hituzi.co.jp　http://www.hituzi.co.jp/
	ISBN978-4-89476-915-1

造本には充分注意しておりますが、落丁・乱丁などがございましたら、小社かお買上げ書店にておとりかえいたします。ご意見、ご感想など、小社までお寄せ下されば幸いです。